MARBURGER

Jugendleiter und Recht

Jugendleiter und Recht

Leitfaden für Jugendleiter, Jugendgruppenleiter und sonst in der Jugendarbeit Tätige

Horst Marburger

3., neu bearbeitete Auflage 2014

BOORBERG

Bibliografische Information der Deutschen Nationalbibliothek | Die Deutsche Nationalbibliothek verzeichnet diese Publikation in der Deutschen Nationalbibliografie; detaillierte bibliografische Daten sind im Internet über www.dnb.de abrufbar.

3. Auflage, 2014
ISBN 978-3-415-05117-1

Satz: Dörr + Schiller GmbH, Curiestraße 4, 70563 Stuttgart | Druck und Bindung: Kessler Druck + Medien, Michael-Schäffer-Str. 1, 86399 Bobingen

Richard Boorberg Verlag GmbH & Co KG | Scharrstraße 2 | 70563 Stuttgart
Stuttgart | München | Hannover | Berlin | Weimar | Dresden
www.boorberg.de

Inhaltsverzeichnis

Vorwort zur 3. Auflage

Mehr als 20 Jahre sind seit der Erstauflage vergangen. Das Recht hat sich mehrfach geändert.

Bei Abfassung der zweiten Auflage war das Jugendschutzgesetz vom 23.7.2002 zwar schon erlassen, aber noch nicht in Kraft getreten. Es musste das Inkrafttreten des Staatsvertrages der Länder über den Schutz der Menschenwürde und den Jugendschutz in Rundfunk und Telemedien abgewartet werden.

Dies ist inzwischen erfolgt. Der Staatsvertrag datiert vom 10.–27.9.2002. Der Staatsvertrag erfüllt die den Ländern vorbehaltenen Aufgaben in den zwischen Bund und Ländern vereinbarten Eckpunkten einer Neuregelung des Jugendschutzes in den Medien vom 8.3.2002. Mit deren Umsetzung wollten Bund und Länder einen einheitlichen Schutzstandard für den Jugendmedienschutz im gesamten Bereich der Offline- und der Onlinemedien erreichen.

Jugendschutzgesetz und Staatsvertrag sind am 1.4.2003 in Kraft getreten und seither mehrfach geändert worden. Die entsprechenden Darstellungen in der vorliegenden Broschüre sind deshalb ausgeweitet und auf die Beschreibung der vorher bestehenden Rechtslage ist verzichtet worden.

Auch wurde die seit der 2. Auflage eingetretene Entwicklung in dem gesamten Rechtskreis berücksichtigt.

Nach wie vor bleibt natürlich die Hoffnung, dass die meisten der im vorliegenden Buch geschilderten Probleme und Situationen nie auftreten. Dennoch ist es sehr wichtig, auf jede denkbare Möglichkeit vorbereitet zu sein. Dies zu erreichen ist der Sinn auch der 3. Auflage.

Geislingen, im Januar 2014 — Horst Marburger

Vorwort zur 1. Auflage

Als Verantwortlicher Leiter steht man immer mit einem Bein im Gefängnis, sagt ein geflügelter Satz. Dies mag zwar übertrieben sein, zeigt aber auf, dass viele Unsicherheiten im täglichen Umgang mit jungen Mitmenschen in den Gruppen und Vereinen bestehen.

Die vorliegende Schrift wendet sich deshalb an alle, die als Jugendleiter (oder Lehrer) für junge Menschen verantwortlich oder mitverantwortlich sind, sei es in einer kommunalen oder kirchlichen Jugendgruppe oder in einem Verein. Es geht dabei nicht um rechtstheoretische oder wissenschaftliche Überlegungen, sondern nur darum, die wesentlichen Rechtsinhalte für die Praxis zu vermitteln.

Der Verfasser hatte die Möglichkeit, in zahlreichen Seminaren Rechtsfragen des Jugendleiters zu behandeln und dabei auch Kenntnis von den Sorgen und Nöten der Jugendleiter in Zusammenhang mit Rechtsfragen zu erhalten. Diese Erkenntnisse sind in dieser Broschüre eingeflossen.

Für den einzelnen Jugendleiter bleibt zu hoffen, dass die meisten der im vorliegenden Heft geschilderten Probleme und Situationen nie auftreten werden. Trotzdem ist es wichtig, auf jede denkbare Möglichkeit vorbereitet zu sein. Dies zu erreichen, ist Sinn der kleinen Schrift.

Deizisau, im Mai 1992 Horst Marburger

Abkürzungen

Abs.	Absatz
Abschn.	Abschnitt
Art.	Artikel
Az.	Aktenzeichen
BAG	Bundesarbeitsgericht
BB	Betriebsberater (Zeitschrift)
BGB	Bürgerliches Gesetzbuch
BGH	Bundesgerichtshof
BSG	Bundessozialgericht
bzw.	beziehungsweise
ca.	cirka
EHIC	European Health Insurance Card (Europäische Versichertenkarte)
FamRZ	Zeitschrift für das gesamte Familienrecht
f., ff.	folgende, fortfolgend
GG	Grundgesetz
GjS	Gesetz über die Verbreitung jugendgefährdender Schriften
JMStV	Jugendmedienschutz-Staatsvertrag der Länder
JuSchG	Jugendschutzgesetz (vom 23.7.2002)
Nr.	Nummer
OLG	Oberlandesgericht
RVO	Reichsversicherungsordnung
S.	Seite
SGB VII	Sozialgesetzbuch – Siebtes Buch (Unfallversicherung)
SBG VIII	Sozialgesetzbuch – Achtes Buch (Kinder- und Jugendhilfe)
sog.	so genannte/r
StGB	Strafgesetzbuch
StVG	Straßenverkehrsgesetz
STVO	Straßenverkehrsordnung
VersR	Versicherungsrecht (Zeitschrift)

Weiterführende Literatur

Bundesministerium für Familie, Senioren, Frauen und Jugend	Jugendschutzgesetz und Jugendmedienschutz-Staatsvertrag der Länder
Krauskopf/Marburger	Die Ersatzansprüche nach § 116 SGB X, 7. Auflage, Sankt Augustin 2013
Marburger	Unfallgeschädigte brauchen Geld, 1. Aufl., Regensburg 2000
Marburger	Streit im Verein, 1. Aufl., Regensburg 2000
Palandt/Heinrichs	Bürgerliches Gesetzbuch, Kommentar, 72. Aufl., München 2013
Wussow	Unfallhaftpflichtrecht, 16. Aufl., Köln 2009

A. Grundsätzliche Zusammenhänge – Rechtsbeziehungen

Zwischen Eltern und Kind bestehen nicht nur persönliche und verwandtschaftliche Beziehungen, sondern auch rechtliche. Diese muss der Jugendleiter kennen, um zu wissen, was er darf und was nicht.

Bekanntlich wird ein Jugendlicher mit Vollendung des 18. Lebensjahres **volljährig.** Bis zu diesem Zeitpunkt haben Vater und Mutter das Recht und die Pflicht, für das minderjährige Kind zu sorgen **(elterliche Sorge).** Darunter versteht man die Sorge für die Person des Kindes **(Personensorge),** die Sorge für sein Vermögen **(Vermögenssorge)** und die **Vertretung** des Kindes in diesen beiden Bereichen.

Die Ausübung des elterlichen Sorgerechts steht beiden Elternteilen gemeinsam zu. **Wichtige Ausnahme:** beim nichtehelichen Kind ist die Mutter alleine sorgeberechtigt, bei geschiedenen Eltern kommt es auf den jeweiligen Einzelfall an.

Praktische Konsequenz aus der gemeinsamen Zuständigkeit ist beispielsweise, dass beide Eltern Einverständnis- oder Teilnahmeerklärungen unterschreiben müssen. Doch dazu später.

Bedeutsam für den Jugendlichen ist vor allem die **Personensorge** der Eltern. Darunter versteht man insbesondere das Recht und die Pflicht, das Kind zu **pflegen,** zu **erziehen,** zu **beaufsichtigen** und **seinen Aufenthalt zu bestimmen.**

Pflege meint in diesem Zusammenhang die körperliche Betreuung, **Aufenthaltsbestimmung** die Bestimmung von Wohnort und Wohnung, **Erziehung** alle Maßnahmen, die der sittlichen, geistigen und seelischen Entwicklung des Kindes dienen und es damit zum Mündigwerden (Erwachsenwerden) führen. **Beaufsichtigung** schließlich meint den Schutz des Kindes vor Gefahren, sei es durch Sachen oder durch Personen. Hier greift das Aufsichtsrecht der Eltern ein, wonach sie beispielsweise den Umgang des Kindes mit anderen Personen bestimmen. Beaufsichtigung meint aber auch den Schutz von Personen oder Sachen vor Schädigungen durch das Kind (Aufsichtspflicht). **Allein das Aufsichtsrecht und die Aufsichtspflicht kann auf den Jugendleiter übertragen werden.** In der Mehrzahl der Fälle wird allerdings dabei ein Verein oder eine sonstige Organisation (Kirche, Pfadfinder o. Ä.) dazwischengeschaltet sein. Verein oder Organisation delegieren dann ihrerseits wiederum die Aufsicht an den Jugendleiter.

Das Schaubild auf der nächsten Seite soll dies verdeutlichen.

Geben die Eltern z. B. die Zustimmung, dass ein Kind an einer Wanderfahrt teilnimmt, so können sie trotzdem bestimmen, dass sich das Kind etwa ab einer bestimmten Uhrzeit in der Unterkunft befindet.

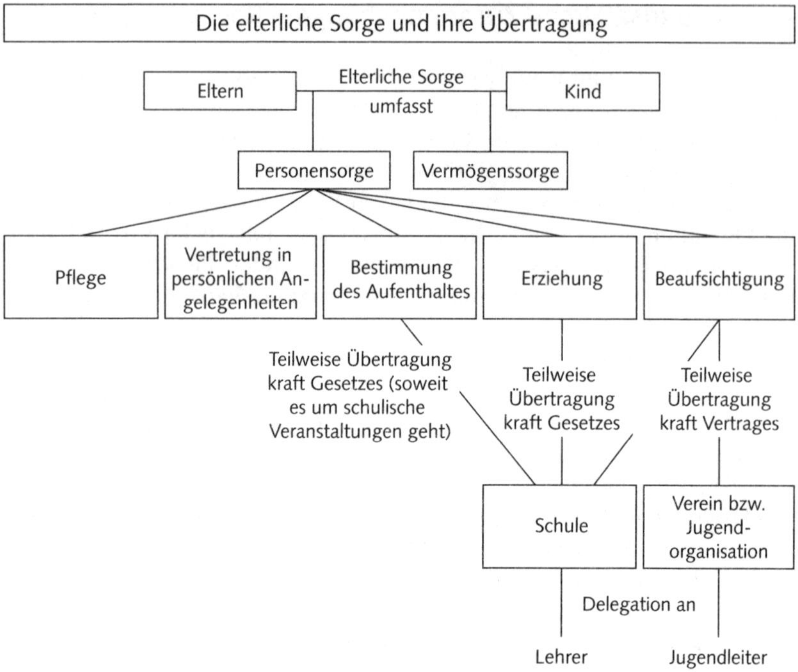

Der Jugendleiter muss diesbezügliche Wünsche und Äußerungen der Eltern bzw. der sonst Erziehungsberechtigten berücksichtigen. Für den Jugendleiter ist es deshalb wichtig, die **Auffassung der Eltern** zu den wichtigsten Sachverhalten zu kennen, die während einer Veranstaltung auftreten können. Dazu ist es aber auch erforderlich, die Eltern von solchen geplanten Unternehmungen zu unterrichten und sie über Einzelheiten, wie Baden in einem See, Besteigung eines Berges, zu informieren. Nur nach vorheriger Information können die Eltern evtl. Einwände gegen einzelne Maßnahmen erheben, können Fragen stellen und u. U. Anregungen geben. Hierauf sollte kein Jugendleiter verzichten.

In der Praxis hat sich hier bewährt, von den Eltern eine **Einverständniserklärung** geben zu lassen. Das Muster einer solchen Erklärung wird nachfolgend wiedergegeben. Vorab sei erwähnt, dass es empfehlenswert ist, vor größeren Fahrten und sonstigen Unternehmungen einen **Elternabend** zu veranstalten, bei dem die Eltern über alle Einzelheiten informiert werden.

Einverständniserklärung

Hiermit gestatten ich/wir unserer(m) Tochter/Sohn ....
die Teilnahme an der Freizeit des (Vereins/Gruppe) ....
....
in der Zeit vom .... in ....
Während dieser Zeit wird sie (er) der Aufsicht der unten genannten Personen unterstellt.

Die Aufsichtspflicht erstreckt sich auf alle beaufsichtigten Unternehmungen, wie Busfahrten, Heimaufenthalt, Wanderungen und sportliche Unterweisungen. Ich bin/wir sind damit einverstanden, dass meiner(m)/unserer(m) Tochter/Sohn auch die Möglichkeit des Entfernens vom Heim ermöglicht wird. Dazu entbinde(n) ich/wir die unten genannten Personen von der Aufsichtspflicht (dies gilt ebenso für das zeitlich begrenzte selbstständige Fahren auf der Piste in kleinen Gruppen. In diesem Zusammenhang habe(n) ich/wir meine(n)/unsere(n) Tochter/Sohn über allgemeine Verhaltensregeln auf einer Skipiste belehrt). Technische Geräte, wie Handys (insbesondere internetfähige Smartphones) wird meine/unsere Tochter/mein/unser Sohn nicht benutzen, wenn es vom jeweils Aufsichtsführenden untersagt ist. Das gilt auch für Spielkonsolen und ähnliche Geräte. Einzelheiten regeln verbindlich die unten aufgeführten Personen. Diese sind auch berechtigt, entsprechende Geräte längstens für die Dauer der Freizeit einzuziehen, soweit den Weisungen nicht gefolgt wird.

Das Baden in öffentlichen Gewässern und Badeanstalten ist nur unter der Aufsicht der unten genannten Personen gestattet. Entfernt sich meine/unsere Tochter/mein/unser Sohn ohne Wissen der Betreuer von der Gemeinschaft, trotz meines Hinweises: „nur unter der Aufsicht der Betreuer zu baden", so erlischt die Aufsichtspflicht über sie/ihn, bis diese wieder möglich ist.

Ebenso wurde meine/unsere Tochter/mein/unser Sohn über die Bestimmungen des „Jugendschutzgesetzes", sowie des Verhaltens innerhalb einer Jugendfreizeit unterrichtet. In gegebenen Notfällen bin ich bereit, die Kosten für einen Arztbesuch bzw. Krankentransport oder Krankenhausaufenthalt zu übernehmen. Die Entscheidung über eine solche Maßnahme hat der Freizeitleiter bzw. dessen Stellvertreter zu fällen.

Die Aufsichtspflicht erlischt, wenn meine/unsere Tochter/mein/unser Sohn einer Anordnung zuwider handelt. Sollte meine/unsere Tochter/mein/unser Sohn durch ein entsprechendes Verhalten die Freizeitmaßnahme stark gefährden, so ist die Freizeitleitung ermächtigt, sie/ihn auf meine/unsere Kosten heim zu schicken. Sie wird sich dann zunächst mit mir/uns in Verbindung setzen um das Nähere zu besprechen. Die Entscheidung über eine solche Maßnahme liegt ausschließlich bei der Freizeitleitung; sie ist mir jedoch vorher telefonisch mitzuteilen.

Meine/unsere Tochter/mein/unser Sohn hat eine vollständige Wundstarrkrampfimpfung O JA O NEIN

Meine/unsere Tochter/mein/unser Sohn hat folgende Krankheiten und Unverträglichkeiten:

....

Telefonnummer unter der ich/wir erreichbar sind: ....

....................,	den.................	....
(Ort)	(Datum)	(Unterschrift d. Erziehungsberechtigten)

FREIZEITLEITUNG:
Leiter:
Stellvertreter:
Mitarbeiter:

Vor Durchführung des erwähnten Elternabends sollte sich der Jugendleiter über die Punkte im Klaren sein, die dabei von ihm angesprochen werden sollen. Damit nichts Wesentliches vergessen wird, hier eine Checkliste:

Sachverhalt	Erledigt
– Inhalt und Zweck der Freizeit	
– Zeitlicher Ablauf	
– Geplante Einzelaktivitäten	
– Durchführung der Aufsichtspflicht	
– Vorstellung der Freizeitleitung	
– Rechte und Pflichten der Leiter	
– Erreichbarkeit der Leitung durch Erziehungsberechtigte	
– Vorbereitung der Freizeit durch Teilnehmer	
– Gegen welche Krankheiten geimpft sein soll	
– Notwendigkeit, noch fehlende Impfungen durchzuführen	
– Einverständniserklärung (bis wann unterschrieben abzugeben)	
– Versicherungen	
– Nutzung von Handys, Spielkonsolen usw.	
– Besondere Hinweise, wenn geplant ist, • eine Bergwanderung durchzuführen • Ski- oder Snowboard zu fahren • außerhalb öffentlicher Schwimmbäder zu schwimmen • zu segeln, rudern, oder mit Schiffen zu fahren	
– jeweiligs benötigte Bekleidung ansprechen	
– Mitführen der Krankenversicherungskarte (Gesundheitskarte)	
– In der Einverständniserklärung Krankheiten (wie Diabetes usw.) des Kindes oder Jugendlichen angeben,	
– Müssen besondere Leistungseinschränkungen des Kindes oder Jugendlichen beachtet werden?	
– Ruhenszeiten der Kinder oder Jugendlichen	
– Bitte an Teilnehmer des Elternabends, die Kinder bzw. Jugendlichen über die wesentlichen Inhalte des Elternabends zu informieren	

Die Einladung zum Elternabend könnte wie folgt gefasst werden:

> An
>
> ....
>
> (Eltern bzw. Erziehungsberechtigte)
>
> Betr.: Elternabend des xxx-Vereins
>
> ...., den ....
>
> Sehr geehrte ....
> wie Ihnen sicherlich bekannt ist, führen wir von .... bis ....
> eine Jugendfreizeit in .... durch, zu der sich Ihr/e Tochter/Sohn angemeldet hat. Es ist für uns langjähriger Brauch vor Durchführung einer solchen Freizeit einen Elternabend für die Erziehungsberechtigten der teilnehmenden Kinder/Jugendlichen zu veranstalten.
> Zu diesem Elternabend am ...., um .... Uhr laden wir Sie herzlich ein. Die Veranstaltung wird circa bis .... Uhr dauern. Sollten Sie selbst nicht kommen können, für Sie aber jemand anderes am Elternabend teilnehmen, geben Sie diesem bitte eine von Ihnen unterschriebene Vollmacht mit. Haben Sie bitte Verständnis dafür, dass wir als Teilnehmer nur volljährige Personen akzeptieren können.
> Wir freuen uns auf Ihr Kommen und Ihre Mitwirkung.
>
> Mit freundlichen Grüßen

Stellen die Eltern Forderungen, denen der Jugendleiter aus berechtigten Gründen, die evtl. den Zweck der Wanderfahrt betreffen, nicht entsprechen kann, bleibt nur die Möglichkeit, dass das betreffende Kind **nicht** teilnimmt.

Wichtig ist, dass weder Jugendleiter noch Jugendorganisation einen Minderjährigen **ohne Einwilligung** der Eltern in die betreffende Organisation aufnehmen oder etwa auf eine Freizeit mitnehmen dürfen. Liegt die Zustimmung der Eltern vor, **ist davon auszugehen,** dass für die Teilnahme an den üblichen Veranstaltungen, wie Gruppenabend, übliche Spiele usw. keine besondere Erlaubnis erforderlich ist.

Die wichtigste Pflicht des Jugendleiters in der Zeit, in der das Kind zu seiner Gruppe gehört, besteht in der Wahrnehmung seiner **Aufsichtspflicht.** Diese wird, wie in der „Einverständniserklärung" aufgeführt, auf ihn übertragen. Einzelheiten über die Aufsichtspflicht finden sich in Abschn. B S. 16 ff.

Der Jugendleiter muss sich – wenn er keine besonderen Auflagen und Wünsche der Eltern zu beachten hat – immer fragen, **wie die Eltern in dem jeweiligen Einzelfall reagieren würden.** Er handelt ja an der Stelle der Eltern. Dabei hat er die einschlägigen Vorschriften z. B. über den Jugendschutz in der Öffentlichkeit, zu beachten.

Die Erziehungspflichten bzw. -rechte der Eltern werden nicht nur durch die Zugehörigkeit eines Kindes zu einem Verein, einer Jugendgruppe usw. beeinflusst.

Starken Einfluss auf die Erziehung des Kindes nimmt die Schule. In Zusammenhang mit der vom Lehrer zu führenden Aufsichtspflicht ist festzustellen, dass es in der Bundesrepublik Deutschland kein **Züchtigungsrecht der Eltern** gibt, ebenso wenig ein solches der Lehrer, **eines Jugendleiters** oder einer vergleichbaren Person. Schlägt daher der Jugendleiter ein Kind widerrechtlich (also ohne etwa in Notwehr zu handeln), erfüllt er damit den Tatbestand der **Körperverletzung.** Er macht sich einerseits strafbar (Antragsdelikt), andererseits haftet er für die Folgen seines Verhaltens (seelischer Schock, körperliche Verletzung usw.).

B. Aufsichtspflicht

1. Grundsätze

Wie unter A. (S. 15) bereits erwähnt, umfasst die Personensorge auch das Recht und die Pflicht, das Kind zu beaufsichtigen. Den Personensorgeberechtigten ist damit (und zwar durch § 1631 Abs. 1 BGB) die Aufsicht durch das Gesetz übertragen. Sie können diese Aufsicht **aber durch Vertrag an Andere,** z. B. an den Leiter einer Jugendgruppe übertragen. Diese Übertragung muss nicht mittels schriftlichen Vertrages erfolgen. Zum Teil ergibt sie sich aus den Umständen des Einzelfalles, d. h. aus dem sog. **konkludenten Handeln.** Nimmt z. B. ein Jugendleiter einen Jugendlichen stillschweigend in die Jugendgruppe auf (es reicht aus, wenn er seine Teilnahme duldet), dann übernimmt er damit auch die Aufsichtspflicht für diesen Jugendlichen.

Die Erziehungspflicht ist weitergehender als die Aufsichtspflicht und umfasst u. a. auch die Belehrung des Kindes über die Angelegenheiten des täglichen Lebens. Bei der Aufsichtspflicht geht es dagegen darum, **a)** den Jugendlichen bzw. das Kind vor Schaden zu bewahren, und **b)** zu verhindern, dass das Kind bzw. der Jugendliche einen Schaden anrichtet. Im Falle **a)** macht sich der Jugendleiter schadensersatzpflichtig, wenn das Kind bzw.

der Jugendliche geschädigt wird. Dagegen geht es im Falle **b)** darum, den Schaden eines Dritten zu ersetzen.

2. Umfang der Aufsichtspflicht

a) Grundsätze

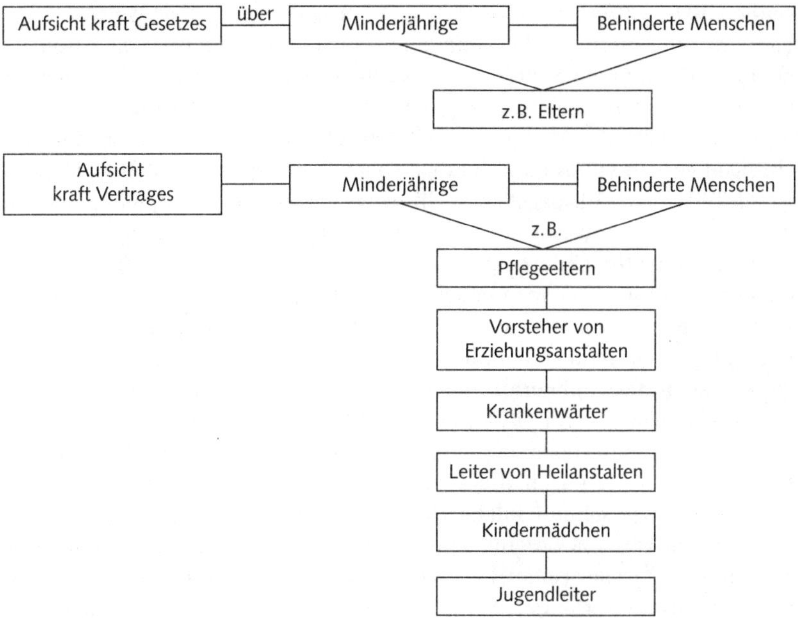

b) Information und Belehrung

Die Aufsichtspflicht des Jugendleiters ist praktisch **unbeschränkt.** Er ist verantwortlich für jedes Handeln oder Unterlassen der ihm Anvertrauten. Allerdings geht diese Verpflichtung nur soweit, als sie zumutbar ist. Hierüber wird unter 3. (S. 25) näher informiert.

Um seiner Aufsichtspflicht zu genügen, muss der Jugendleiter die Jugendlichen und Kinder **belehren und informieren.** Er muss auf mögliche Gefahren hinweisen und dabei die Gegebenheiten des Einzelfalles beachten. Bei der Art der Belehrung und Unterrichtung ist natürlich das Alter der Kinder bzw. Jugendlichen zu berücksichtigen. Die Hinweise müssen in kindgerechter Weise gegeben werden. Viele der Hinweise müssen sich mit alltäglichen Dingen beschäftigen, wie dem Verhalten im Straßenverkehr, dem Umgang mit Feuer, die Vermeidung von Raufereien usw. Der Jugendleiter sollte sich dabei nicht allein von dem Gedanken leiten lassen, er habe auf diese Dinge ja schon bei **früheren Gelegenheiten** hingewiesen. Gerade bei größeren Vereinen oder Organisationen ist es kaum möglich, dass bei jeder Versammlung oder Besprechung alle Jugendlichen dabei sind. Vielmehr wechseln die Teilnehmer sehr häufig. Wenn nicht ganz korrekt eine **Anwesenheitsliste** geführt wird, in der auch vermerkt wird, über welche Sachverhalte informiert wurde, kann eine vollständige Information kaum sichergestellt werden. Außerdem ist zu bedenken, dass gerade Kinder und Jugendliche solche Belehrungen auch schnell wieder **vergessen**. Sie sollten deshalb immer wieder erneuert werden. Dabei kann auf frühere Besprechungen verwiesen und durch Fragen getestet werden, in welchem Umfange die Teilnehmer die gegebenen Hinweise verstanden und behalten haben.

Die Hinweise müssen auch die **spezifischen** Gefahren ansprechen, die bei dem geplanten Unternehmen eintreten können. Der Jugendleiter sollte dabei auch Ereignisse ansprechen, die vielleicht nicht so wahrscheinlich sind. So muss bei einem geplanten Zeltlager immer besprochen werden, wie sich die Teilnehmer, bei plötzlichem **Unwetter**, aber auch bei einem regelrechten **Katastrophenfall** zu verhalten haben. Was zu geschehen hat, wenn beispielsweise durch starke Regenfälle ein Bach oder Fluss, in dessen Nähe gezeltet wird, über sein Ufer tritt, muss genauso geschildert werden, wie etwa das Einschlagen eines Blitzes in das Zeltlager. Es erweist sich immer wieder, wie schnell solche Unwetter kommen, aber auch wie gefährlich sie sein können. So ging es etwa durch die Medien, dass ein kleines Mädchen, das in der Nähe eines Baches spielte, der normalerweise ein unbedeutendes Gewässer ist, aber durch starke Regenfälle in einen reißenden Strom verwandelt wurde, ausrutschte, in das Wasser fiel und nur noch tot geborgen werden konnte.

Soll eine **Eisenbahnfahrt** geplant werden, ist das richtige Verhalten während einer solchen Fahrt anzusprechen, so z. B., dass auf einen **fahrenden Zug** nicht aufgesprungen oder von ihm nicht abgesprungen werden darf. Manchem Jugendleiter mag das alles zu selbstverständlich erscheinen, die Erfahrung zeigt aber, dass dies nicht so ist. Besondere Hinweise sind erforderlich, wenn eine Zugfahrt im **Ausland** geplant ist, da dort die Sicherheitsbestimmungen für Züge nicht immer so streng sind, wie in Deutschland.

Vor allem ist die Lage der Toiletten in den Zügen zu beschreiben, damit nicht jemand versehentlich eine Außentür öffnet und aus dem Zug stürzt. Bei kleineren Kindern ist es notwendig, sie entweder durch den Jugendleiter oder durch bereits verständigere und erfahrenere Fahrtteilnehmer zur Toilette begleiten zu lassen.

Hinweise müssen sich auch auf das Verhalten **beim Zusammentreffen mit anderen Menschen** beziehen. Zu denken ist hier insbesondere an Auslandsfahrten. Hinweise auf die Mentalität der Einheimischen sind so genauso erforderlich, wie klare Verhaltensvorgaben, wenn zweifelhafte Personen getroffen werden. Die Kinder sind davor zu warnen, sich als Anhalter mitnehmen zu lassen oder Fremden zu folgen, die ihnen irgendwelche Vorteile (Süßigkeiten usw.) versprechen.

Zu klären ist auch das Verhalten in **Gaststätten**, in **Jugendherbergen**, aber auch im **Zeltlager** selbst. Bei dieser Gelegenheit sollte mit den Kindern und Jugendlichen auch über Zeiten gesprochen werden. Gemeint sind damit Essens-, insbesondere aber auch Schlafenszeiten. Vereinbarungen mit den Freizeitteilnehmern sind besser als Anordnungen! Auch ist es günstiger, diese Dinge **vor** Fahrtantritt zu regeln, als während der Freizeit.

Besteht auch nur die Möglichkeit, dass während der Freizeit **geschwommen** wird, muss geklärt werden, wer von den Teilnehmern Schwimmer bzw. Nichtschwimmer ist und wie groß gegebenenfalls die Schwimmkünste sind. Ist das Schwimmen fester Bestandteil der Freizeit, werden nur Personen mitgenommen, die schwimmen können und auch über eine ausreichende Praxis verfügen. Unter Umständen ist es notwendig – und bei rechtzeitiger Planung auch durchführbar –, dass jemand noch vor Antritt der Fahrt schwimmen lernt. Es kann auch empfehlenswert sein, dass der Jugendleiter die Schwimmkünste anlässlich eines gemeinsamen Besuchs im Frei- oder Hallenbad „testet". Je nachdem, wo Baden und Schwimmen während der Freizeit stattfinden soll (Meer, Fluss, Baggersee, Freibäder – und zwar im Inland oder Ausland) sind besondere Hinweise zu geben. Beispielsweise können sich diese Ratschläge auf Ebbe und Flut erstrecken, auf die Stärke der Brandung an der betreffenden Küstenstelle usw. Dazu ist es notwendig, dass sich der Jugendleiter vorher über die jeweiligen Verhältnisse informiert. Das kann auf verschiedene Weise geschehen, z. B. durch Erzählungen anderer Jugendleiter oder sonstiger vertrauenswürdiger Personen, die vorher schon dort waren. Beschreibungen in Broschüren und Büchern (Vorsicht – durch Zeitablauf können Veränderungen eintreten), evtl. aber auch durch eigenes Erleben des Jugendleiters.

Sind längere **Märsche** geplant, muss geprüft werden, ob **alle** Teilnehmer diesem Vorhaben gewachsen sind. Eine Gruppe kann nur so lange marschieren, wie es der Schwächste aushalten kann! Dieser Grundsatz gilt besonders beim Bergwandern, beim Wandern in besonders unwegsamen Gelände usw.

Der Jugendleiter darf sich nicht darauf verlassen, dass seine Hinweise, Mahnungen und Belehrungen gleich beim ersten Male verstanden worden sind. Er muss zunächst durch **Fragen** feststellen, ob dies der Fall ist. Er sollte aber bei nächster Gelegenheit die Erläuterungen wiederholen, auch durch Abfragen. Wichtig ist es, Übungen durchzuführen. Wenn nicht alle Teilnehmer beispielsweise im Zeltauf- und -abbau erfahren sind, muss dies geübt werden. In bestimmten Fällen kann ein regelrechtes **Training** angebracht sein, wenn etwa damit zu rechnen ist, dass das Lager nach Anbruch der Dunkelheit aufgeschlagen werden muss. Das Aufschlagen des Lagers während schlechtem Wetter muss eingeplant werden.

Sind längere oder sonst anstrengende Märsche geplant, können vorherige **Übungsmärsche** notwendig sein. Das gilt auch bei sonstigen Unternehmungen, wie etwa geplante Kanufahrten. Selbstverständlich wird es hier immer darauf ankommen, in welchem Alter die Teilnehmer sind und welche Erfahrungen sie mit den geplanten Unternehmungen bereits haben.

Unbedingt notwendig ist es, schon vor Fahrtantritt darauf hinzuweisen, dass **Verstöße** gegen die gegebenen Hinweise nicht hingenommen werden können. Mögliche Sanktionen bis zum Ausschluss vor der weiteren Fahrt sind anzusprechen und die Ernsthaftigkeit ist dabei zu betonen. Die Kinder und Jugendlichen dürfen nicht den Eindruck gewinnen, es bestünden zwar Verhaltensmaßregeln, deren Einhaltung werde aber kaum überwacht und deren Nichteinhalten habe keine besonderen Folgen.

Es muss klar gemacht werden, dass jeder Teilnehmer die **aufgestellten Regeln** beachten muss. Wenn jemand glaubt, dies nicht akzeptieren zu können, sollte er lieber zu Hause bleiben.

Bei **gemischten Gruppen** ist – bei Jugendlichen – auch auf die Frage der Sexualität einzugehen. Es ist klar zu machen, was toleriert werden kann und was nicht (vgl. dazu im Einzelnen unter E.3. – S. 80ff.).

In Zusammenhang mit gemischten Gruppen ist auch darauf zu achten, dass bei der Planung von Tagesmärschen usw. nicht von den möglichen Leistungen der Jungen, sondern von denen der Mädchen auszugehen ist. Trotz aller gesellschaftlicher Fortschritte sind Mädchen im Allgemeinen nicht so belastungsfähig wie Jungen.

Es ist eigentlich eine Selbstverständlichkeit, trotzdem sollte durch den Jugendleiter immer wieder erwähnt werden, dass sich **Kameradinnen und Kameraden gegenseitig helfen**. Das gilt nicht nur bei Freizeiten, sondern sowohl im Allgemeinen täglichen Leben als auch bei Gruppenabenden und sonstigen Veranstaltungen der Jugendgruppe.

Überhaupt sind solche Informationen nicht nur vor größeren Unternehmungen, wie Freizeiten zu geben. Auf die Gefahren des Straßenverkehrs, auf allgemeine Verhaltensmaßregeln beim Sport, Schwimmen usw. muss auch bei anderen passenden Gelegenheiten hingewiesen werden. Das gilt besonders für die Tatbestände, die das Jugendschutzgesetz regelt (z.B. Glücksspiel, Umgang mit Alkohol, Teilnahme an Tanzveranstaltungen, Besuch von Filmtheatern usw. – vgl. dazu unter F. – S. 89ff.), oder die im Gesetz über die Verbreitung jugendgefährdender Schriften aufgeführt sind (Umgang mit Schundliteratur, Pornofilmen usw.).

Der Jugendleiter sollte – insbesondere bei größeren Gruppen – erreichen, dass die Jugendlichen seine diesbezüglichen Hinweise an jüngere Mitglieder der Gruppe oder an neue Kameradinnen und Kameraden weitergeben.

Wird eine Freizeit geplant, sollten notwendige Arbeiten, wie Küchendienst, Aufräumen, Putzen (auch Putzen der Toiletten), vorher geregelt werden. Anzustreben ist, durch **freiwillige Meldungen** leidige Diskussionen während der Fahrt über die Durchführung dieser Arbeiten zu vermeiden. Damit es keine Mißverständnisse gibt, ist es notwendig, zu notieren, wer sich verpflichtet hat, bestimmte Arbeiten zu übernehmen.

Wichtig ist auch, dass nach Möglichkeit bei besonderen Arbeiten bzw. Aufgaben der Kinder und Jugendlichen der Einsatz **solcher Teilnehmer** von vorneherein geplant wird, die bereits Erfahrungen in dieser Angelegenheiten haben. Sie sind zu verpflichten, ihre Kameraden anzuleiten und gleichzeitig auch darauf zu achten, dass sich keine Schadensfälle ereignen. Der Jugendleiter erfüllt seine Aufsichtspflicht allerdings nur bei sorgfältiger Aufsicht und bei Überprüfung der durchgeführten Arbeiten. Auch auf diese Überprüfungen sollte bei der Information hingewiesen werden. Zu regeln ist ferner, wer den Jugendleiter allgemein und in Ausnahmesituationen vertritt.

Die technische Entwicklung macht es erforderlich, auch Hinweise zur Benutzung von Handys (insbesondere internetfähige Smartphones) sowie von Spielkonsolen und vergleichbaren Geräten zu geben. Dabei ist es nicht erforderlich und auch in der Regel nicht zweckmäßig, die Benutzung solcher Geräte gänzlich zu verbieten. **Durch die Hinweise soll vermieden werden, dass**

- der Ablauf der Unternehmung gestört wird,
- andere Teilnehmer belästigt werden,
- eine Störung von gemeinsamen Aktivitäten eintritt,
- andere Teilnehmer gemobbt werden.

Zudem muss darauf hingewiesen werden, dass während der Freizeit **jugendgefährdende Inhalte nicht geladen und ausgetauscht werden dürfen**.

Nur dann, wenn vor einer Fahrt tatsächlich alle die obigen Gesichtspunkte behandelt wurden, kann der Jugendleiter **von einem reibungslosen**

Ablauf der geplanten Fahrt ausgehen (von außergewöhnlichen nicht einplanbaren Situationen abgesehen).

Abschließend zur Frage der Information sei nochmals auf die Ausführungen unter A. (S. 12 ff.) hingewiesen, wonach die Eltern in einem Elternabend vor einer Veranstaltung, wie beispielsweise einer Wanderfahrt, über die Einzelheiten der geplanten Unternehmung unterrichtet werden müssen.

c) Praktizierte Aufsichtspflicht

Die Aufsichtspflicht des Jugendleiters besteht nicht nur in Zusammenhang mit besonderen Unternehmungen, wie Freizeiten, Wanderfahrten usw., **sondern immer dann,** wenn die Kinder oder Jugendlichen seiner Obhut unterstellt sind. Er muss ständig überprüfen, ob seine Belehrungen, Anleitungen und Hinweise verstanden worden sind, ob entsprechende Warnungen befolgt werden usw. Bei Teilnahme am Straßenverkehr als Fußgänger darf der Jugendleiter es beispielsweise nicht hinnehmen, dass jemand trotz einer **roten Ampel** die Straße überqueren will. Das gilt auch dann, wenn es sich um ein älteres Gruppenmitglied handelt, das glaubt, „die Sache im Griff zu haben". Dabei ist auch an das schlechte Beispiel zu denken, das den jüngeren Mitgliedern gegeben wird.

Unvernünftiges und damit gefährliches Verhalten beim Schwimmen, Klettern, aber auch Wandern (z. B. falsches Schuhwerk oder sonst ungeeignete Kleidung) ist zu beanstanden und zu unterbinden. Bei Streitereien muss der Jugendleiter genau so eingreifen, wie bei Überanstrengungen.

Es ist schon richtig: Der Jugendleiter muss seine Augen und Ohren überall haben. Er muss auch ein Gespür besitzen für die Stimmung innerhalb der Gruppe oder von Teilen der Gruppe. Bemerkt er einen gewissen Hang zum Übertreten bestimmter Anweisungen, wie z. B. das Überschreiten von Ausgehzeiten, der Besuch zweifelhafter Lokale während eines Lageraufenthaltes usw., muss er eingreifen.

Der Jugendleiter muss dabei nicht nur die Gefährdung des einzelnen diesem darlegen, sondern auch die Gefahren, die durch das Verhalten Einzelner **der ganzen Gruppe** entstehen können. Natürlich ist auch zu erwähnen, dass Fremde durch das Verhalten gefährdet werden können, wie etwa bei der Teilnahme im Straßenverkehr.

Um rechtzeitig Übertretungen durch die Kinder und Jugendlichen zu erkennen, muss der Jugendleiter bei Heimaufenthalten und bei Aufenthalt in einem Zeltlager **Kontrollgänge** durchführen. Es sollte nicht der Eindruck erweckt werden, er wolle dem Einzelnen „nachschnüffeln". Die Kinder und

Jugendlichen müssen aber zur Überzeugung gelangen, dass Übertretungen der aufgestellten Regeln nie unbeachtet bleiben.

Wenn auch der Jugendleiter verpflichtet ist, zu mahnen und zu tadeln, so hat er doch **keinerlei Züchtigungsrecht** gegenüber den Jugendlichen bzw. den Kindern. Das gilt auch dann, wenn die Eltern zum Ausdruck gebracht haben, dass sie keine Bedenken gegen körperliche Züchtigungen durch den Jugendleiter haben.

Nützen Ermahnungen des Einzelnen nichts, fruchtet es auch nichts, dass an seine Verantwortung gegenüber der Gruppe appelliert wird, dann sollte – als letztes Mittel – versucht werden, im Rahmen der **Selbstverwaltung** der Gruppe eine Lösung zu finden. Der „Täter" sollte dann der Gruppe – natürlich unter Leitung des Jugendleiters – **Rede und Antwort stehen**. Keinesfalls darf der Jugendleiter aber den Unbelehrbaren der Gruppe gewissermaßen zur kollektiven Selbstjustiz überlassen. Überhaupt muss der Jugendleiter immer darauf achten, dass der Jugendliche bzw. das Kind – auch wenn gegen die Gruppeninteressen verstoßen wird – **nicht menschenunwürdig behandelt, also etwa gedemütigt wird**. Emotionen müssen vom Jugendleiter vermieden und von ihm bei den anderen Teilnehmern abgebaut werden. **Sachlichkeit muss die Devise sein**. Verstößt beispielsweise ein Teilnehmer gegen die vorher aufgestellten Regeln, kommt er also z. B. permanent seinen Küchendienstverpflichtungen, der Aufgabe des Holzsammelns o. Ä. nicht nach oder verlässt er ständig das Zeltlager, um obskure Lokale aufzusuchen, dann kann die Gruppe als ganzes von ihm eine Änderung seines Verhaltens verlangen. Es handelt sich hier gewissermaßen um den letzten Versuch einer **gütlichen Einigung**. Dabei muss auch auf die **Folgen weiterer Verstöße** hingewiesen werden.

Eine dieser Folgen ist der Ausschluss des Betreffenden aus der Gruppe – für immer oder auf Zeit. Er kann auch von einzelnen Veranstaltungen ausgenommen werden, wie von der Veranstaltung, die gerade stattfindet. Nicht zulässig ist etwa ein Essensentzug (hierzu zählt auch das Dessert), sowie alle sonstigen Maßnahmen, die das körperliche Wohlbefinden beeinträchtigen können. Das Gleiche gilt – wie bereits erwähnt – für demütigende Maßnahmen. Auch darf der Jugendleiter keine **Strafgelder** verhängen. Er sollte ferner keinesfalls einer entsprechenden Regelung – etwa auf Vorschlag der Eltern oder der Jugendlichen – zustimmen. Denn dadurch wird nicht etwa die Einsicht gefördert, sondern lediglich einer Mentalität des „Freikaufens" Vorschub geleistet.

Zu den nicht zulässigen ehrenrührigen Maßnahmen würde es gehören, wenn jemand – als Strafe – zum Schlafen in die Abstellkammer oder in den Skikeller oder dergleichen geschickt wird.

In der unter A. (S. 13) abgedruckten Einverständniserklärung der Eltern wird ausgeführt, **dass die Aufsichtspflicht des Jugendleiters erlischt**, wenn das Kind seinen Anordnungen zuwiderhandelt. Dies entbindet aber den Jugendleiter **nicht von den oben erwähnten Kontrollmaßnahmen**. Weiter heisst es in der Erklärung, dass dann, wenn das Kind durch ein entsprechendes Verhalten die Freizeitmaßnahme stark gefährdet, die Freizeitleitung ermächtigt wird, **das Kind auf Kosten der Eltern heimzuschicken**. Von dieser Möglichkeit sollte natürlich nur Gebrauch gemacht werden, wenn alle anderen Maßnahmen keinen Erfolg hatten. Ist es notwendig, das Kind oder den Jugendlichen heimzusenden, geschieht dies durch Einschaltung der Bahnverwaltung, u. U. auch einer Flughafenverwaltung. Die Eltern haben übrigens nicht nur dann die Kosten zu tragen, wenn sie sich – wie in der erwähnten Einverständniserklärung – dazu verpflichtet haben. Eigentlich ist der Schadensverursacher (Kind, Jugendlicher) zur Tragung der Kosten verpflichtet. Für ihn haften aber seine Erziehungsberechtigten, d. h. sie haben letzten Endes die Kosten zu tragen. Dies kann in der Weise geschehen, dass sie direkt an das Beförderungsunternehmen zahlen, aber auch in der, dass der Jugendleiter (die Jugendgruppe) die Kosten vorstreckt, dann aber einen Ersatzanspruch hat.

Die Eltern **sind unbedingt davon zu unterrichten**, wenn das Kind heimgeschickt wird.

Zu erwähnen ist noch, dass die Jugendlichen und Kinder erkennen müssen, dass sich der **Sanktionsrahmen** – bezogen auf die einzelnen Verstöße – in einem bestimmten sachlogischen Verhältnis bewegen muss. Leichtere Vergehen dürfen nicht stärker bestraft werden als schwere Vergehen usw. Das Prinzip der **Gerechtigkeit** und damit auch der gerechten **Strafe** muss erkennbar sein.

3. Schadensersatzpflicht des Aufsichtspflichtigen

a) Grundsätze

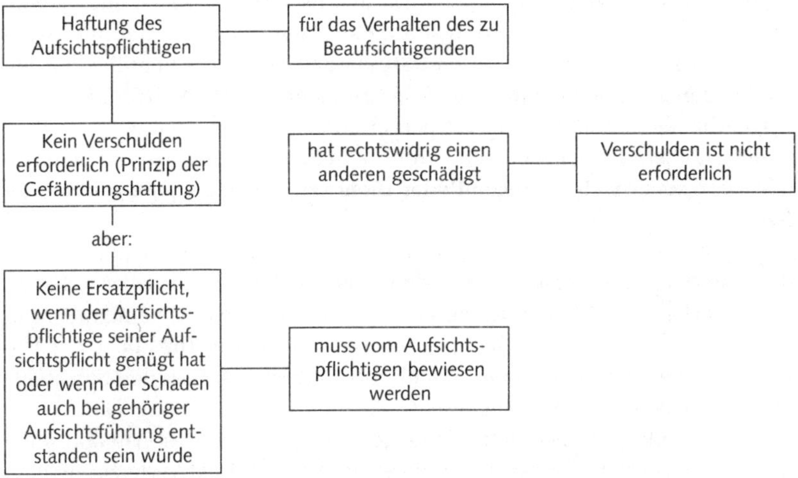

b) Voraussetzungen für das Entstehen einer Schadensersatzpflicht

Zunächst muss ein Schaden durch die **Handlung oder das Unterlassen** eines Menschen entstanden sein. Zwischen dem betreffenden Handeln bzw. Unterlassen muss ein ursächlicher Zusammenhang bestehen. In der Regel ist dieser Zusammenhang von demjenigen zu **beweisen**, der Schadensersatz begehrt.

Der Haftpflichtige hat für alle Folgen aufzukommen, die sich aus dem Schadensfall ergeben. Die bedeutendste Vorschrift des zivilen Haftpflichtrechts ist die des § **823 Abs. 1 BGB**. Wer danach vorsätzlich oder fahrlässig das Leben, den Körper, die Gesundheit, die Freiheit, das Eigentum oder ein sonstiges Recht eines anderen widerrechtlich verletzt, ist dem anderen **zum Ersatz des entstehenden Schadens verpflichtet**.

Vorsatz und Fahrlässigkeit werden zusammenfassend als **Verschulden** bezeichnet.

Dabei bedeutet **Vorsatz**, bewusst etwas zu tun oder zu unterlassen, sodass dadurch einem anderen Schaden zugefügt wird. Schlägt also beispielsweise der Jugendleiter einen der ihm anvertrauten Jugendlichen, dann wird im Allgemeinen Vorsatz vorliegen, wenn nicht ein Rechtfertigungsgrund wie Notwehr gegeben ist. Eine Haftung wegen Unterlassung würde eintreten, wenn es der Jugendleiter unterlassen hat, **im Notfalle Hilfe zu leisten**. Lässt er einen verletzten Jugendlichen liegen und entfernt sich von der Schadensstelle, hat er gegen seine Fürsorgepflicht gegenüber den ihm anvertrauten Jugendlichen verstoßen. Darüberhinaus hat er sich auch **schuldig** gemacht und zwar sowohl in strafrechtlicher als auch in haftungsrechtlicher Hinsicht. Er kann somit bestraft werden und muss überdies für den entstandenen Schaden eintreten. Dabei ist es nicht notwendig, dass er den „eigentlichen" Schaden (die Körperverletzung) selbst zugefügt hat. Vielmehr haftet er in einem solchen Fall für den Schaden, der dadurch entstanden ist, **dass er sich als Jugendleiter nicht um den Verletzten gekümmert hat**.

Vorsatz liegt auch dann vor, wenn sich der Handelnde oder derjenige, der eine Handlung unterlässt, nicht darüber im klaren ist, dass ein Schaden eintreten kann und wie groß dieser Schaden sein wird. Es genügt, dass er sich im allgemeinen der schädigenden Wirkung seines Tuns oder des Unterlassens bewusst gewesen ist. Nicht notwendig ist, dass er den Schadenseintritt als sicher vorausgesehen hat.

Dies nennt man **„bedingter Vorsatz"** Das bedeutet, dass jemand auch dann haftet, wenn er zwar den anderen nicht unbedingt verletzen wollte, dies aber billigend in Kauf nimmt. Ein Beispiel dafür wäre etwa gegeben, wenn ein Motorrad- oder Autofahrer in eine größere Fußgängergruppe hineinfährt, weil er einen bestimmten Fußgänger verletzen will und es ihm gleichgültig ist, ob dabei auch noch andere geschädigt werden.

Fahrlässig handelt derjenige, der die notwendige Sorgfalt außer Acht lässt (§ 276 Abs. 2 BGB). Es gibt vielfältige Möglichkeiten, fahrlässig zu handeln. Fahrlässigkeit liegt beispielsweise schon dann vor, wenn jemand unachtsam die Straße überquert und dadurch einen Verkehrsunfall verursacht. Fahrlässig handelt auch der, der eine Tür zuschlägt, ohne darauf zu achten, dass direkt hinter ihm jemand geht und durch das Zuschlagen der Tür verletzt wird.

Wie stark die geforderte Sorgfalt sein muss, richtet sich nach dem Einzelfall.

Dabei kommt es auf die im Verkehr (Rechtsverkehr) erforderliche Sorgfalt an. Es sind die Maßstäbe zu beachten, die sich im Verkehr als erforderlich herausgebildet haben.

Das Verhalten des Betreffenden ist danach zu beurteilen, wie sich ein „normaler" Mensch nach der Anschauung der Allgemeinheit hätte verhalten müssen. Es kann also den Täter im Gegensatz zum Strafrecht nicht entlasten, wenn er wegen besonderer Eigenschaften, z. B. wegen seiner Jugend und seinem geringen Reaktionsvermögen, den Schaden nicht vermieden hat.

Damit Fahrlässigkeit vorliegt, muss der fahrlässig Handelnde erkennen können, dass sein Verhalten geeignet war, einen Schaden herbeizuführen. Er muss keine genaue Vorstellung von der Art und Weise des Schadens haben. Es genügt vollkommen, wenn er **allgemein hätte voraussehen müssen**, dass möglicherweise eine Schädigung eintritt.

Zusammenfassend lässt sich der Begriff des Verschuldens wie folgt grafisch darstellen:

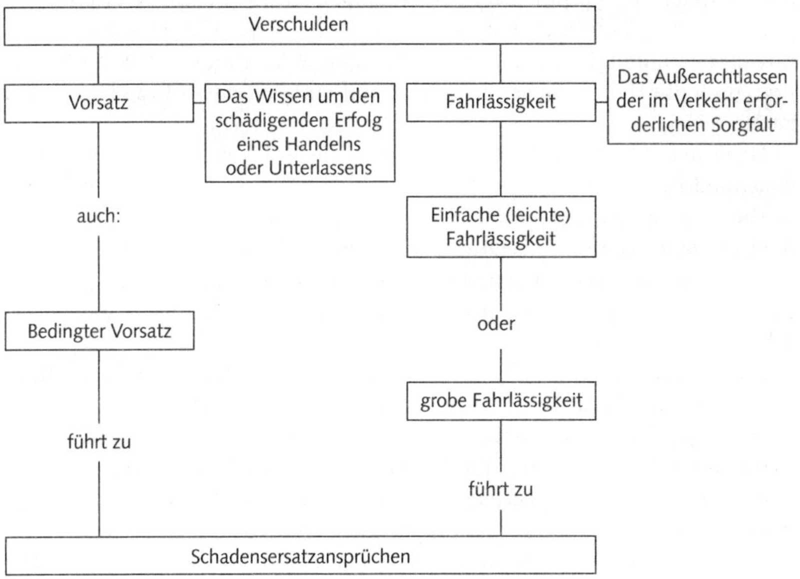

c) Ausnahmen von der Schuldfähigkeit

Wie erwähnt, macht § 823 Abs. 1 BGB die Haftung von einem Verschulden abhängig, das durch den Ersatzberechtigten im Übrigen zu **beweisen** ist. Allerdings sind **nicht alle Menschen schuldfähig (deliktsfähig)**. So regelt § 828 BGB die Haftung Minderjähriger. Diese Vorschrift ist auch von Bedeutung, wenn es darum geht, evtl. die **Mithaftung** eines Minderjährigen neben dem Jugendleiter wegen der Schädigung eines Dritten zu beurteilen.

Wer noch nicht das **7. Lebensjahr** vollendet hat, ist für einen Schaden, den er einem anderen zufügt, **nicht verantwortlich** (§ 828 Abs. 1 BGB). Wer zwar das 7., jedoch nicht das 10. Lebensjahr vollendet hat, ist für den Schaden, den er bei einem Unfall mit einem Kraftfahrzeug, einer Schienenbahn oder einer Schwebebahn einem anderen zufügt, nicht verantwortlich (§ 828 Abs. 2 BGB). Das gilt allerdings nicht, wenn er die Verletzung vorsätzlich herbeigeführt hat. Dagegen sind ältere Minderjährige bis zum vollendeten 18. Lebensjahr grundsätzlich wie Erwachsene verantwortlich. Sie sind von der Verantwortung allerdings frei, wenn sie beweisen, dass sie die notwenige Einsicht nicht hatten, als sie den Schaden zufügten. Man spricht hier von der **beschränkten oder bedingten Deliktsfähigkeit**. Der Jugendliche muss also so weit entwickelt sein, das Unrecht seiner Handlung einzusehen und zugleich die Verpflichtung zu erkennen, in irgendeiner Weise für die Folgen seiner Handlung einstehen zu müssen. Kraft Gesetzes wird diese Einsicht vermutet. Dabei ist nur ein allgemeines Verständnis dafür erforderlich, dass die Handlung gefährlich ist und eine Verantwortung begründen kann.

Der Täter, der sich auf mangelnde Einsichtsfähigkeit beruft, ist dafür **beweispflichtig**.

Die Rechtsprechung geht davon aus, dass dann, wenn ein Jugendlicher die **Gefährlichkeit** einer bestimmten Handlungsweise kennt, im Allgemeinen auch von seinem Wissen ausgegangen werden kann, dass er irgendwie zur Verantwortung gezogen werden kann, wenn er die Handlung doch begeht.

Zu einem typischen Fall der Verletzung Jugendlicher hat sich der Bundesgerichtshof (BGH) bereit 1971 geäußert. Bewerfen sich danach Jugendliche wechselseitig mit Steinen, so haftet **jeder Teilnehmer dieser Steinschlacht** für die Verletzung, die ein Gegner davonträgt, mag er diese Art der Verletzung (hier: Augenverletzung) auch nicht gewollt haben (Urteil des BGH vom 11. 5. 1971 – Az.: VI ZR 211/69; VersR 1971 S. 820).

Ein interessantes Urteil hat in diesem Zusammenhang das Oberlandesgericht (OLG) München am 26. 3. 1993 gefällt (Az.: 8 U 7072/91; VersR 1994, S. 1248). Die Revision gegen diese Entscheidung ist durch den Bundesgerichtshof (BGH) mit Beschluss vom 3. 5. 1994 (Az.: VI ZR 212/93) nicht angenommen worden. In dem vom OLG München zu entscheidenden Fall ging es um die Deliktsfähigkeit eines zwölf Jahre und acht Monate alten Jungen, der im Dachraum einer Schreinerei heimlich geraucht und durch unvollständiges Löschen der Zigarette einen Brand verursacht hat. Das Gericht war der Auffassung, dass der Junge zum Schadenszeitpunkt das allgemeine Verständnis dafür hatte, dass es gefährlich war, im Dachraum der Schreinerei zu rauchen. Das Verständnis bezog sich darauf, mit dem Feuerzeug eine Zigarette anzuzünden, diese zu rauchen, auszudrücken und den ausgedrückten Zigarettenrest in der Dachkammer liegenzulassen. Er hatte des weiteren ein allgemeines Verständnis dafür, dass er zur Verantwortung gezogen werden kann und dass sein Handeln ihn persönlich treffende unangenehme Folgen haben kann. Es kam dabei nicht auf die Steuerungsfähigkeit des Kindes an, d. h. auf die individuelle Fähigkeit, sich nach seiner Einsicht zu verhalten. Bei Kindern und Jugendlichen, die zwar das siebte, aber noch nicht das achtzehnte Lebensjahr vollendet haben, kommt es allein auf die Einsichtsfähigkeit, d. h. die geistige Fähigkeit an, die Verantwortlichkeit für eigenes Handeln zu erkennen.

In einem Urteil des OLG Köln vom 5. 5. 1993 (Az. 11 U 5/93; VersR 1994, S. 1248) wird ebenfalls ausgeführt, dass es für die zur Erkenntnis der Verantwortlichkeit erforderliche Einsicht ausreicht, wenn das allgemeine Verständnis dafür vorhanden ist, dass das Verhalten geeignet ist, Gefahren herbeizuführen.

Taubstumme sind den bedingt verantwortlichen Jugendlichen gleichgestellt.

Nicht schuldfähig sind auch **Unzurechnungsfähige**. Maßgebend ist hier § 827 BGB. Die Vorschrift schließt die Haftung willensbeschränkter, unzurechnungsfähiger Personen aus, wenn sie im Zustand der Bewusstlosigkeit, wie z. B. Schlaf, Ohnmacht, Hypnose oder in einem die freie Willensbestimmung ausschließenden Zustand krankhafter Störung der Geistestätigkeit einem anderen Schaden zufügen.

Wer sich jedoch vorsätzlich in den Zustand der Willensunfreiheit versetzt – z. B. durch übermäßigen Genuss **alkoholischer Getränke** – haftet, wie wenn ihm Fahrlässigkeit zur Last fiele. Unverschuldete Unkenntnis der Wirkung des Mittels, durch das der Ausschluss der freien Willensbestimmung eintrat, schließt die Haftung aus.

Lässt sich jemand beispielsweise dazu überreden, Rauschgift zu nehmen, kann er nicht einwenden, er habe nicht gewusst, welche Folgen dies hat. Die schlimmen Folgen von Rauschgift sind allgemein bekannt. Wird dagegen heimlich ein stark wirkendes Rauschmittel in sein Glas mit Limonade geschüttet, kann er für einen Schaden, den er im nachfolgenden Rauschzustand verursacht, nicht verantwortlich gemacht werden.

Wird die Einsichtsfähigkeit des Jugendlichen bejaht, so rechtfertigt sich damit allerdings nicht zugleich auch der Vorwurf der Fahrlässigkeit. Das Vorliegen von Fahrlässigkeit, d. h. also von Verschulden überhaupt, muss daneben noch besonders geprüft werden. Zu dieser Auffassung gelangte der BGH in seinem Urteil vom 23. 2. 1985 (Az.: VI ZR 245/63; VersR 1985 S. 503). Die Entscheidung erging zum Fall eines 9-jährigen Jungen, der bei einem Wurfspiel ein in der Nähe der spielenden Kinder verstecktes Kleinkind mit einem gefährlichen Stock verletzte.

Kann jemand für eine unerlaubte Handlung wegen Unzurechnungsfähigkeit entsprechend der §§ 827, 828 BGB nicht verantwortlich gemacht werden, so kann er ausnahmsweise nach § 829 BGB zur Haftung herangezogen werden, wenn dies die **Billigkeit** nach den Umständen des Falles erfordert. In der Praxis spielen Ansprüche aufgrund des § 829 BGB allerdings keine wesentliche Rolle.

Die Deliktsfähigkeit wird zusammenfassend im folgenden Schaubild dargestellt:

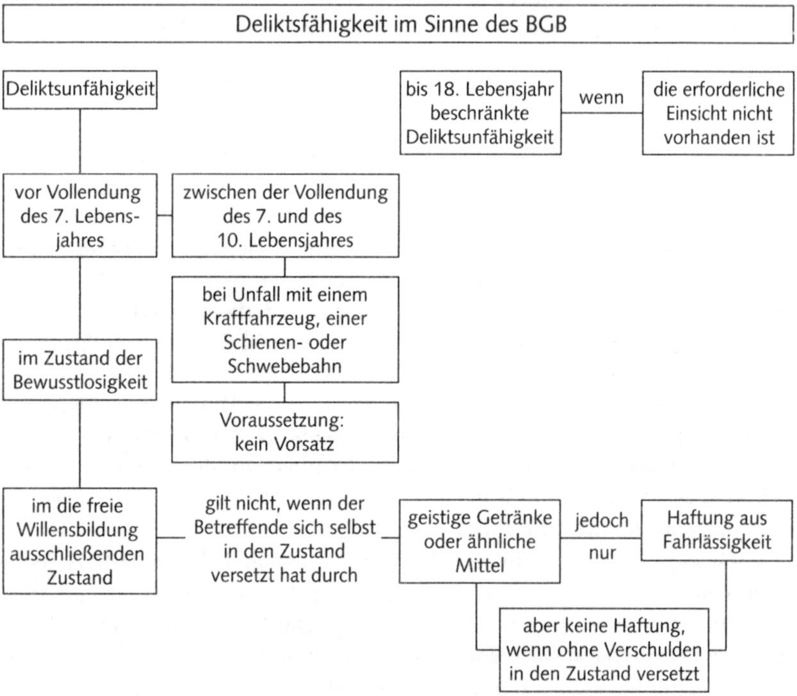

Haftung kann in allen Fällen unter Berücksichtigung des § 829 BGB gegeben sein (Billigkeitshaftung).

d) Widerrechtlichkeit

§ 823 Abs. 1 BGB fordert – wie unter b) bereits erwähnt (S. 25) – neben dem Vorliegen von Verschulden auch Widerrechtlichkeit. Der Handelnde muss also den Schaden einem anderen widerrechtlich zugefügt haben. Sind Leben, Körper oder Gesundheit verletzt worden, so wird vermutet, dass dies widerrechtlich geschehen ist. Wer sich darauf beruft, dass sein Verhalten ausnahmsweise nicht widerrechtlich gewesen sei, ist hierfür **beweispflichtig**.

Nicht rechtswidrig ist die im Einverständnis des Patienten vorgenommene Operation. In Notfällen (z. B. bei Bewusstlosigkeit eines Verunglückten) wird die Einwilligung unterstellt. Wie unter A (S. 16) bereits ausgeführt, gibt es weder für Eltern noch für Lehrer ein Züchtigungsrecht. Das gilt auch für Jugendleiter.

Bei Notwehr, Notstand und berechtigter Selbsthilfe liegt keine Widerrechtlichkeit vor.

Notwehr ist diejenige Verteidigung, die erforderlich ist, um einen gegenwärtigen Angriff von sich oder einen anderen abzuwenden (§ 227 BGB). Streiten sich beispielsweise zwei Jugendliche mit Worten, ergreift dann einer von ihnen plötzlich eine Flasche, um sie dem anderen auf den Kopf zu schlagen, dann handelt der andere in Notwehr, wenn er sich gegen diesen Angriff zur Wehr setzt. Es wird ihm allerdings zumindest ein Mitverschulden vorgeworfen werden können, wenn er den Angreifer durch seine Wortwahl **gereizt**, also **provoziert hat oder ihn gar beleidigte**. Den Begriff der **Ehrennotwehr** gibt es tatsächlich! Es geht darum, dass sich jemand mit der Faust gegen eine Beleidigung „wehren" kann. Hier ist allerdings ganz besonders darauf zu achten, dass die Notwehr verhältnismäßig sein muss, die eingesetzten Mittel also ein bestimmtes Maß nicht überschreiten dürfen. Überschreitet der Angegriffene allerdings nur durch Verwirrung oder Schrecken die Verhältnismäßigkeit, liegt trotzdem Notwehr vor.

Gerade bei **Schlägereien** wird eingewandt, man habe in Notwehr gehandelt. Oftmals bringen alle Beteiligten diesen Einwand. In der Praxis ist es dann recht schwierig, die Wahrheit zu erkennen. Solche Fälle enden daher sehr oft vor Gericht.

Mit dem Begriff des **Notstands** beschäftigt sich § 228 BGB. Wer danach eine fremde Sache beschädigt oder zerstört, um eine durch sie drohende Gefahr von sich oder einem anderen abzuwenden, handelt nicht widerrechtlich. Das gilt aber nur, wenn die Beschädigung oder die Zerstörung zur Abwendung der Gefahr erforderlich ist und der Schaden nicht außer Verhältnis zur Gefahr steht. Hat der Handelnde die Gefahr verschuldet, so ist er zum Schadensersatz verpflichtet.

Wird jemand beispielsweise durch einen tollwütigen Hund angegriffen und tötet er diesen, um sich selbst oder beispielsweise einen ihm anvertrauten Jugendlichen vor schlimmen Verletzungen zu bewahren, liegt ein Fall des Notstandes vor.

In diesem Zusammenhang ist auch die Vorschrift des § 904 BGB zu beachten. Danach ist der Eigentümer einer Sache nicht berechtigt, die Beschädigung oder Zerstörung dieser Sache zu verbieten, wenn dies wegen einer gegenwärtigen Gefahr notwendig ist. Allerdings muss der drohende Schaden gegenüber der Beschädigung oder Zerstörung der Sache unverhältnismäßig groß sein. Der Eigentümer kann allerdings Schadensersatz verlangen. Fällt beispielsweise ein kleines Kind in einen Gartenteich und droht zu ertrinken, kann ein zufällig vorbeikommender Passant, der von der Gefahr Kenntnis erhält, in den Garten eindringen, um das Kind zu retten. Beschädigt er z. B. den Gartenzaun und zertrampelt viele Pflanzen, dann war er dazu nach der obigen Vorschrift berechtigt.

§ 229 BGB schließlich beschäftigt sich mit der berechtigten **Selbsthilfe**. Eine solche liegt beispielsweise dann vor, wenn jemand einen flüchtigen Dieb festnimmt und ihn dabei verletzt. Die Selbsthilfe darf allerdings nicht weitergehen, als zur Abwendung der Gefahr erforderlich ist.

Um Widerrechtlichkeit handelt es sich auch dann nicht, wenn ein **Polizeibeamter** in Ausübung seiner dienstlichen Tätigkeiten und im Rahmen der hier für ihn maßgebenden Vorschriften einen anderen verletzt (gilt auch für Soldaten im Wachdienst).

e) Haftung bei Verstoß gegen ein Schutzgesetz und bei einem Verkehrsunfall

Im Zeitalter der Motorisierung sind auch Verkehrsunfälle, in denen Jugendleiter und ihnen anvertraute Kinder bzw. Jugendliche verwickelt sind, nicht gerade selten. Deshalb ist es erforderlich, hierauf näher einzugehen.

Zunächst ist zu beachten, dass bei einem Verkehrsunfall **mehrere Haftungstatbestände** vorhanden sein können. So ist der bereits angesprochene § 823 Abs. 1 BGB (Verschuldensbestimmung) zu beachten. Hiernach haftet derjenige, der vorsätzlich oder fahrlässig einen Verkehrsunfall verursacht. Daneben gibt es noch die Regelung des § 823 Abs. 2 BGB. Dort geht es um den Verstoß gegen ein **Schutzgesetz**. Danach trifft die Verpflichtung zum Schadensersatz denjenigen, welcher gegen ein den Schutz eines anderen bezweckendes Gesetz verstößt. Ist nach dem Inhalt des Gesetzes ein Verstoß gegen dieses auch ohne Verschulden möglich, so tritt die **Ersatzpflicht nur im Falle des Verschuldens** ein.

Als wichtige Schutzgesetze sind die Straßenverkehrs-Ordnung (StVO), das Straßenverkehrsgesetz (StVG) und das Strafgesetzbuch (StGB) zu nennen. Zu beachten ist aber, dass oft nur einzelne Vorschriften dieser Gesetzes als Schutzgesetze anerkannt sind. So sind aus dem StGB beispielsweise die §§ 142 (Fahrerflucht) und 223 (Körperverletzung) einschlägig.

Unabhängig von der Frage des Schutzgesetzes ist aus der StVO insbesondere § 1 zu erwähnen. Dort wird der **allgemeine Grundgedanke** zum Ausdruck gebracht, dass sich jeder Verkehrsteilnehmer so zu verhalten hat, dass ein anderer nicht geschädigt oder mehr, als nach den Umständen unvermeidbar behindert oder belästigt wird. Wer gegen diese Generalregel für das Verhalten im Straßenverkehr verstößt, macht sich schadensersatzpflichtig. Der Geschädigte braucht nur nachzuweisen, dass sich der in Anspruch Genommene verkehrswidrig verhalten hat. Dessen Sache wäre es, gegebenenfalls den **Gegenbeweis** zu führen.

Bei einem Verkehrsunfall wird meist eine Haftung sowohl nach dem Absatz 1 als auch nach dem Absatz 2 des § 823 BGB gegeben sein.

Das StVG enthält darüber hinaus weitere Haftungsbestimmungen. Die wichtigste dieser Vorschriften ist **§ 7 StVG**. Wird danach bei dem Betrieb eines Kraftfahrzeugs oder eines Anhängers, der dazu bestimmt ist, von einem Kraftfahrzeug mitgeführt zu werden, ein Mensch getötet, der Körper oder die Gesundheit eines Menschen verletzt oder eine Sache beschädigt, so ist der Halter des Fahrzeugs verpflichtet, dem Verletzten den daraus entstandenen Schaden zu ersetzen. Ein Verschulden wird hier nicht gefordert, sondern es liegt eine sog. **Gefährdungshaftung** vor.

Nach der Rechtsprechung ist Halter des Fahrzeuges derjenige, der das Fahrzeug für eigene Rechnung in Gebrauch hat und die für den Gebrauch erforderliche Verfügungsmacht über das Fahrzeug besitzt.

Vorwiegend kommt es auf die tatsächlichen und wirtschaftlichen, weniger auf die rechtlichen Beziehungen an. Der Halter ist nicht unbedingt der Eigentümer des Fahrzeuges. Er muss auch nicht derjenige sein, auf dessen Namen es zugelassen ist oder der die Haftpflichtversicherung abgeschlossen hat. Allerdings spricht – so die Rechtsprechung – die Wahrscheinlichkeit dafür, dass der Eigentümer auch der Halter des Fahrzeuges ist.

Die Haltereigenschaft geht beispielsweise nicht dadurch verloren, dass jemand sein Fahrzeug **verleiht**. So bleibt etwa der Vater eines Jugendleiters Fahrzeughalter, wenn er seinen Pkw dem Sohn überlässt, um Jugendliche zu befördern. Überlässt ein Verein einem Jugendleiter ein Kraftfahrzeug für den gleichen Zweck, so bleibt der Verein Halter des Kraftfahrzeuges.

Teilen sich mehrere dauernd den Gebrauch des Wagens und trägt jeder von ihnen zu den Kosten bei, so sind alle als Halter anzusehen. Das gilt auch für die Zeit, in der ein anderer den Wagen benutzt. So kann der Entleiher neben dem Verleiher Halter des Wagens sein, wenn er den Wagen für längere Zeit zum eigenen Gebrauch entleiht und während der Fahrten die Treibstoffkosten trägt.

Der **Mieter** trägt zu den Kosten für den Wagen durch die Miete bei. Er wird Halter neben dem Vermieter, wenn er dadurch eine, wenn auch eingeschränkte, Verfügungsgewalt über den Wagen erlangt. Hieran fehlt es bei kurzen Fahrten von wenigen Stunden oder wenn dem Mieter der Wagen von vornherein nur für eine bestimmte Einzelfahrt überlassen worden ist. Denn während eines solchen Gebrauchs hat er keine Möglichkeit, durch Anordnungen oder Einrichtungen die Betriebsgefahr abzuwenden oder zu verringern.

In diesem Zusammenhang ist die Ausnahme-Verordnung zur Straßenverkehrs-Zulassungsordnung zu erwähnen, die seit 1.10. 1986 gilt. Seit dieser Zeit ist klargestellt, dass ehrenamtliche Helfer, die gelegentlich Vereinsmitglieder und Jugendliche zu Vereinsveranstaltungen, Ausflugsfahrten oder Jugendfreizeiten fahren, keine **Fahrgastbeförderungserlaubnis** benötigen, wie dies z.B. bei gewerblichen Unternehmen der Fall ist.

Aus der Ausnahme-Verordnung ergibt sich, dass die Fahrerlaubnis zur Fahrgastbeförderung für Fernziel-Reisen und Ausflugsfahrten mit Pkw nur dann erforderlich ist, wenn die Fahrten **gewerbsmäßig** durchgeführt werden.

Nach der Rechtsprechung ist ein **Omnibus**, der an einer Haltestelle hält, im Betrieb. Ein Fahrgast, der ein- oder aussteigt und hierbei verunglückt, erleidet deshalb einen Unfall „beim Betrieb eines Kraftfahrzeuges".

Ein **Wohnmobil**, das vom Halter in dem zum Betrieb einer Reparaturwerkstatt gemieteten Teil einer auf privatem Gelände errichteten Halle abgestellt ist und diese aufgrund eines Defekts der Elektrik in Brand setzt, befindet sich auch dann nicht mehr im Sinne von § 7 Abs. 1 StVG in „Betrieb", wenn das Heck des Fahrzeugs noch aus der Halle herausragt (Urteil des OLG Düsseldorf vom 12. 6. 1995 (Az.: 1 U 153/94; VersR 1996 S. 1549 – rechtskräftig, nachdem der BGH die Revision durch Beschluss vom 12. 3. 1996, Az.: VI ZR 231/95, nicht angenommen hat).

Läuft aus einem in einer Garage abgestellten Kraftfahrzeug **Benzin** aus, das anschließend eine Explosion bewirkt, ist der dadurch entstandene Schaden nicht „beim Betrieb" im Sinne von § 7 Abs. 1 StVG dieses Fahrzeugs verursacht worden (Entscheidung des OLG Nürnberg vom 3. 7. 1997; Az.: 8 U 390/97, VersR 1998 S. 648).

Ein Unfall infolge einer objektiv nicht erforderlichen **Abwehr- oder Ausweichreaktion** des Geschädigten, mit dem es zu keiner Berührung kam, kann dem „Betrieb" des Kraftfahrzeuges zuzurechnen sein, das diese Reaktion ausgelöst hat (rechtskräftige Entscheidung des Kammergerichts – KG –

Berlin – vom 24. 4. 1997; Az.: 12 U 8659/95, VersR 1998 S. 778). Der Geschädigte hat den erforderlichen Zurechnungszusammenhang zwischen dem Betrieb des Kraftfahrzeuges und seinem Schaden darzulegen und zu beweisen. Zweifel an der Ursächlichkeit gehen zu Lasten des Geschädigten.

Die Ersatzpflicht des Fahrzeughalters ist nach ausdrücklicher Vorschrift in § 7 Abs. 2 StVG ausgeschlossen, wenn der Unfall durch höhere Gewalt verursacht wird. Entsteht dem Jugendlichen ein Schaden als Kraftfahrzeughalter durch die Beteiligung anderer Fahrzeughalter, so ist die Verpflichtung eines Kraftfahrzeughalters zum Schadensersatz dann nicht gegeben, wenn ein unabwendbares Ereignis vorliegt. Insbesondere gilt ein Ereignis dann als unabwendbar, wenn es auf das Verhalten des Verletzten oder eines Dritten, der nicht bei dem Betrieb beschäftigt ist, oder eines Tieres zurückzuführen ist. Voraussetzung ist, dass sowohl der Halter als auch der Fahrer des Fahrzeugs **jede nach den Umständen des Falles gebotene Sorgfalt beachtet haben**. Das unabwendbare Ereignis darf nicht auf ein Defekt des Kraftfahrzeuges, z. B. Versagen der Bremsen, zurückzuführen sein.

Die Haftung nach § 7 StVG beruht – wie erwähnt – auf der sog. **Gefährdungshaftung**. Während bei der Verschuldenshaftung durch den Geschädigten ein Verschulden des Täters nachgewiesen werden muss, ist dies bei der Gefährdungshaftung nicht erforderlich. Weitere Fälle der Gefährdungshaftung sind beispielsweise die Tierhalterhaftung, sowie die noch zu behandelnde Haftung aus Aufsichtspflichtverletzung. Bei der Gefährdungshaftung nach § 7 StVG ist aus Sicht des Geschädigten lediglich die Beteiligung des Kraftfahrzeuges an dem betreffenden Schadensfall nachzuweisen.

Höhere Gewalt im Sinne des § 7 StVG ist ein betriebsfremdes, von außen durch elementare Naturkräfte oder durch Handlungen dritter Personen herbeigeführtes Ereignis. Dieses Ereignis muss nach menschlicher Einsicht und Erfahrung unvorhersehbar sein. Es muss mit wirtschaftlich erträglichen Mitteln auch die äußerste nach der Sachlage vernünftigerweise zu erwartende Sorgfalt nicht verhütet oder unschädlich gemacht werden können. Es darf auch nicht wegen seiner Häufigkeit in Kauf zu nehmen sein.

Der Fahrer eines Kraftfahrzeuges muss auf ein ungeschicktes oder unrichtiges Verhalten eines Verkehrsteilnehmers Rücksicht nehmen. Das gilt insbesondere bei Kindern im Straßenverkehr. Eine solche Teilnahme am Straßenverkehr kann als Fußgänger, aber auch als Radfahrer sowie als Rollerfahrer, als Benutzer eines Skate-Boards usw. erfolgen.

Ein Jugendleiter kann auf vielfältige Weise mit den ihm anvertrauten Kindern und Jugendlichen am Verkehr teilnehmen, er hat hier wegen der besonderen Gefahren im modernen Straßenverkehr eine besondere Verantwortung. Das gilt umsomehr, als bei Benutzung eines Kraftfahrzeuges meist nicht nur ein, sondern meist mehrere Jugendliche oder Kinder gefährdet sind. Als Fahrer muss sich der Jugendleiter dieser Verantwortung besonders bewusst sein. Das gilt aber natürlich auch, wenn er mit einer Gruppe von Jugendlichen oder Kindern eine Wanderung unternimmt, sie also als **Fußgänger** am Straßenverkehr teilnehmen. Größere Gruppen sind als **Kolonnen** anzusehen und sind – insbesondere bei **Nachtwanderungen** – besonders gefährdet.

Die StVO enthält für **Fußgänger** besondere Vorschriften (§ 25). So wird bestimmt, dass Fußgänger die Gehwege benutzen müssen. Auf der Fahrbahn dürfen sie nur gehen, wenn die Straße weder einen Gehweg noch einen Seitenstreifen hat. Benutzen sie die Fahrbahn, so müssen sie innerhalb geschlossener Ortschaften am rechten oder linken Fahrbahnrand gehen. Außerhalb geschlossener Ortschaften müssen sie sich am linken Fahrbahnrand halten, wenn dies zumutbar ist. Bei Dunkelheit, bei schlechter Sicht oder wenn die Verkehrslage es erfordert, müssen sie einzeln hintereinander gehen.

Fußgänger haben Fahrbahnen unter Beachtung des Fahrzeugverkehrs zügig auf dem kürzesten Weg quer zur Fahrtrichtung **zu überschreiten**, und zwar, wenn die Verkehrslage es erfordert, nur an Kreuzungen oder Einmündungen, an Ampeln innerhalb von Markierungen oder auf Fußgängerüberwegen. Wird die Fahrbahn an Kreuzungen oder Einmündungen überschritten, so sind dort angebrachte Fußgängerüberwege oder Markierungen an Ampeln stets zu benutzen.

Fußgänger dürfen **Gleisanlagen** nur an den dafür vorgesehenen Stellen betreten.

Dem besonderen Schutz der Fußgänger dient § 26 StVO. Hiernach haben an Fußgängerüberwegen Fahrzeuge mit Ausnahme von Schienenfahrzeugen den Fußgängern, welche die Fahrbahn auf dem Überweg erkennbar überschreiten wollen, das Überqueren zu ermöglichen. Deshalb dürfen sie nur mit mäßiger Geschwindigkeit heranfahren; wenn nötig, müssen sie warten.

Auch für **geschlossene Verbände**, wie z. B. eine größere Jugendgruppe, gelten die üblichen Verkehrsregelungen. Mehr als 15 Radfahrer dürfen einen geschlossenen Verband bilden. In einem solchen Falle dürfen sie zu zweit nebeneinander auf der Fahrbahn fahren. Kinder- und Jugendgruppen zu Fuß müssen, soweit möglich, die Gehwege benutzen.

Ist der Verband sehr lang, müssen Zwischenräume für den übrigen Verkehr gelassen werden. Handelt es sich dabei um eine Jugendgruppe, muss der Jugendleiter darauf achten, dass sich dafür geeignete Personen jeweils an den Zwischenräumen befinden.

Seitlich muss eine Gruppe zu Fuß durch entsprechende Beleuchtung kenntlich gemacht werden, wenn die Sichtverhältnisse es erfordern.

Führt ein Jugendleiter eine solche Gruppe, so hat er eine besondere Verantwortung. Das Gesetz bestimmt nämlich, dass der Führer des Verbandes für die Befolgung der einschlägigen Vorschriften zu sorgen hat.

Besonders für Kinder und Jugendliche ist die Vorschrift des § 31 StVO von Bedeutung. Hiernach sind **Sport und Spiele** auf der Fahrbahn und den Seitenstreifen nur auf den dafür zugelassenen Straßen erlaubt.

Auch in Zusammenhang mit der **Personenbeförderung** gibt es besondere Vorschriften, die sich auf Kinder und Jugendliche beziehen. So dürfen Kinder bis zum vollendeten zwölften Lebensjahr, die kleiner als 150 cm sind, in Kraftfahrzeugen nur mit kindgeeigneten, amtlich genehmigten Kindersitzen mitgenommen werden. Auf den Rücksitzen dürfen Kinder dann ausnahmsweise ohne Kindersitze mitfahren, wenn wegen der Sicherung anderer Personen keine Befestigungsmöglichkeit für Kindersitze gegeben sind. Kinder dürfen zudem auch in Omnibussen mit mehr als 7,5 t zulässiger Gesamtmasse ohne Kindersitze befördert werden (§ 21 StVO).

Auf **Fahrrädern** dürfen nur Kinder unter 7 Jahren von mindestens 16 Jahre alten Personen mitgenommen werden, wenn für die Kinder besondere Sitze vorhanden sind und durch Radverkleidungen oder gleich wirksame Vorrichtungen dafür gesorgt ist, dass die Füße der Kinder nicht in die Speichen geraten können.

Vorgeschriebene **Sicherheitsgurte** (§ 21a StVO) müssen während der Fahrt angelegt sein.

Es liegt im Rahmen seiner Aufsichtspflicht, dass der Jugendleiter bei Teilnahme im Straßenverkehr immer mit dem **Spieltrieb** oder einfach mit **leichtsinnigem Verhalten** der ihm anvertrauten Kinder und Jugendlichen rechnen muss. Er muss auch damit rechnen, dass ein Kind oder ein Jugendlicher das Kraftfahrzeug zu einer **Schwarzfahrt** benutzt, wenn ihm die Möglichkeit dazu gegeben wird. Zwar wird in § 7 Abs. 3 StVG vorgeschrieben, dass dann, wenn jemand das Fahrzeug ohne Wissen und Willen des Fahrzeughalters benutzt, er an Stelle des Halters zum Ersatz des Schadens verpflichtet ist. Daneben bleibt aber der Halter zum Schadensersatz verpflichtet, wenn die Benutzung des Fahrzeuges durch sein Verschulden ermöglicht worden ist. Dies bedeutet, dass der Jugendleiter weiterhin als Fahrzeughalter haftet, wenn er sein Fahrzeug nicht ordnungsgemäß abschließt bzw. gegen unbefugte Benutzung schützt. Der Halter muss jede als erforderlich erkennbare mögliche oder zumutbare Maßnahme treffen, die geeignet ist, **die unbefugte Benutzung zu verhindern**. Er kann zum Ersatz eines durch den unbefugten Benutzer hervorgerufenen Schadens herangezogen werden, wenn er die unbefugte Benutzung dadurch ermöglicht hat, dass er seinen auf der Straße abgestellten Wagen **nicht oder nicht ordnungsgemäß verschlossen hat** (vgl. z. B. Urteil des BGH vom 28. 2. 1961; Az.: VI ZR 129/60, VersR 1961 S. 446).

Der Halter ermöglicht eine unbefugte Benutzung des Wagens, wenn er seine **Garage** offen stehen lässt **oder den Schlüssel an eine leicht zugängliche Stelle hängt**. Der Schlüssel der Garage und der Fahrzeugschlüssel müssen so sicher aufbewahrt werden, dass sie nicht unzuverlässigen Personen zugänglich sind.

Die **nachträgliche Genehmigung einer Schwarzfahrt** durch den Fahrzeughalter macht den Schwarzfahrer im Übrigen nicht zum berechtigten Fahrer.

Bricht aber beispielsweise ein Jugendlicher ein Kraftfahrzeug auf, dann haftet er allein für den Schaden, den er bei einer Schwarzfahrt anrichtet.

Die Gefährdungshaftung des § 7 StVG trifft auch den **Fahrer** eines Fahrzeuges (§ 18 StVG). Die Ersatzpflicht (aufgrund der Gefährdungshaftung) ist allerdings ausgeschlossen, wenn der Schaden nicht durch ein Verschulden des Fahrers verursacht ist.

Die Möglichkeiten von Schadensersatzansprüchen bei Verkehrsunfällen sind im nachfolgenden Schaubild nochmals zusammenfassend dargestellt (s. S. 39):

Der Jugendleiter muss sich bewusst sein, dass er als Fahrer, gegebenenfalls auch als Halter des Kraftfahrzeuges haftet, wenn er Jugendliche in seinem Fahrzeug mitnimmt und sich ein Unfall ereignet. Handelt es sich bei dem Kraftfahrzeug beispielsweise um einen Wagen der Eltern des Jugendleiters, haften diese als Halter, der Jugendleiter als Fahrer. Allerdings ist hier die **Pflichtversicherung für Kraftfahrzeuge** zu beachten. Im vorliegenden Beispiel wären die Eltern versichert, der Jugendleiter mitversichert. Entsteht eine Haftung für den Jugendleiter und/oder seine Eltern, tritt diese Versicherung ein.

Neben der Verantwortung für die körperliche Unversehrtheit und das Leben der Kinder und Jugendlichen tritt die Haftung für einen Schaden, den ein Kraftfahrzeughalter – über seine Versicherung – tragen muss, obwohl er möglicherweise nicht schuldig an dem Vorfall ist, das Vorliegen von höherer Gewalt nicht beweisen kann. Beim Eintreten der Versicherung gibt es in der Regel Nachteile bei der **Prämienzahlung**.

Die Möglichkeiten von Schadensersatzansprüchen bei Verkehrsunfällen

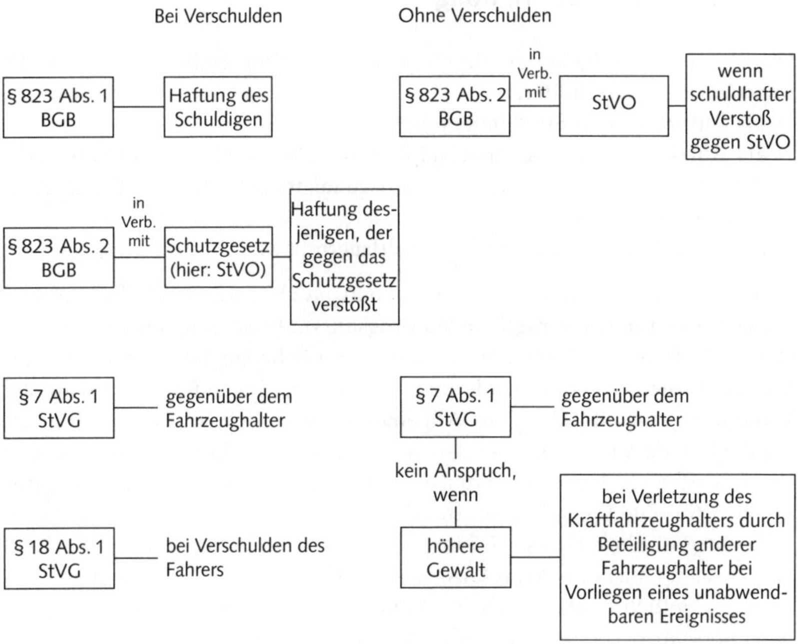

Dies sollte der Jugendleiter vor allem dann bedenken, wenn zwar durch den Verein eine Transportmöglichkeit zur Verfügung gestellt wurde (z. B. Bahn), aus **Bequemlichkeit** aber überlegt wird, ob nicht das private Kraftfahrzeug des Jugendleiters benutzt werden darf.

Wird der Jugendleiter vom Verein beauftragt, die Jugendgruppe mittels Kraftfahrzeug – wobei dieses ein Fahrzeug des Vereines oder ein Privatfahrzeug des Jugendleiters oder seiner Eltern sein kann – zu befördern, kann der Jugendleiter u. U. **Haftungsfreistellung wegen gefahrgeneigter Arbeit** verlangen (vgl. dazu die Ausführungen unter C.3.b. – S. 50 ff.). Dies gilt insbesondere dann, wenn der Jugendleiter sein Kraftfahrzeug in einem Notfall benutzt, um beispielsweise ein verletztes Kind schnell in ärztliche Behandlung oder in ein Krankenhaus zu bringen.

Dabei ist aber vor allem noch etwas anderes zu beachten: Derjenige, der jemanden – z. B. einen Jugendleiter – mit dem Transport, also dem Steuern des Kraftfahrzeuges beauftragt, muss sich seiner Verantwortung bewusst sein. Er muss davon überzeugt sein, dass es sich bei dem Jugendleiter um einen genügend erfahrenen und auch geeigneten Fahrer handelt.

C. Haftung des Aufsichtspflichtigen

1. Grundsätze der Haftung

Die Haftungsmöglichkeiten des Jugendleiters sind vielfältiger Natur. **Er kann insbesondere haften**

- als Teilnehmer im Straßenverkehr
- als Aufsichtspflichtiger (hier spielen die arbeitsrechtlichen Grundsätze der Haftungsfreistellung bei schadensgeneigter betrieblicher Tätigkeit eine besondere Rolle)
- als Veranstalter (von Freizeiten, Zeltlagern usw.).

Zu erwähnen ist in diesem Zusammenhang auch, dass eine Befreiung von der Haftung durch **vertragliche Haftungsausschlüsse** möglich ist. Entsprechende Haftungsverzichte können vor einem Schadensfall schriftlich oder mündlich abgeschlossen werden. Im Rahmen der Jugendarbeit sind solche Vereinbarungen allerdings im Allgemeinen unüblich und auch nicht zu empfehlen, da daraus geschlossen werden wird, der Jugendleiter oder der Verein wollten sich vor der Verantwortung „drücken" – wahrlich kein gutes Zeichen für eine Jugendgemeinschaft!

Rechtsgrundlage für die Haftung des Aufsichtspflichtigen ist § 832 BGB. Wer danach (Absatz 1) **kraft Gesetzes** zur Führung der Aufsicht über eine Person verpflichtet ist, die wegen Minderjährigkeit oder wegen ihres geistigen oder körperlichen Zustandes der Beaufsichtigung bedarf, ist zum Ersatz des Schadens verpflichtet, den diese Person einem Dritten widerrechtlich zufügt. Die gleiche Verantwortlichkeit trifft denjenigen, welcher die Führung der Aufsicht **durch Vertrag** übernimmt (§ 832 Abs. 2 BGB).

Wer kraft Gesetzes zur Aufsicht verpflichtet ist, ergibt sich aus den Ausführungen unter A. (S. 11 ff.). Jugendleiter gehören dazu bezüglich der ihnen anvertrauten Kinder und Jugendlichen nicht. Für sie ist allerdings Abs. 2 des § 832 BGB zu beachten. Dies bedeutet, dass ein Vertrag abgeschlossen werden muss.

Die Frage, wer als „eigentlich" Aufsichtspflichtiger **Vertragspartner** ist, lässt sich in der Praxis meist leicht beantworten. Anders ist es aber bezüglich des zweiten Vertragspartners.

Ist die Jugendgruppe selbst ein **rechtsfähiger Verein oder Teil eines Jugendverbandes**, der den Status eines rechtsfähigen Vereins hat, so ist der Verein Vertragspartner. Aufgrund des Vertrages ist demnach der Verein zur Aufsichtsführung verpflichtet. Der Gruppenleiter übt diese Aufsicht in seinem Namen aus. **Haftpflichtig ist der Verein**.

Handelt es sich bei der Jugendgruppe **um einen nicht rechtsfähigen Verein** (der also nicht in das Vereinsregister eingetragen ist – vgl. § 21 BGB) oder ist die Jugendgruppe Teil eines solchen Vereins, haftet derjenige, der den Vertrag schließt. Meist wird dies der Jugendleiter sein.

Handelt es sich allerdings bei dem Jugendleiter um ein **Vorstandsmitglied** des nicht rechtsfähigen Vereins, dann haftet der Verein für seinen Verrichtungsgehilfen (vgl. § 831 BGB).

Treffen die vorstehenden Voraussetzungen nicht zu, weil sich die Beteiligten z. B. nur zu einer bestimmten Fahrt zusammenschließen, ist der Jugendleiter der Vertragspartner, mit der Wirkung, dass er die Haftung bei Aufsichtspflichtverletzung zu tragen hat. Dies ist ohne weiteres dann der Fall, wenn der Jugendleiter volljährig ist. Ist der Jugendgruppenleiter selbst noch minderjährig, ist die Einwilligung des gesetzlichen Vertreters notwendig.

Die hier bestehenden Fallmöglichkeiten werden in den nachfolgenden Schaubildern zusammengefasst: (s. auch S. 42)

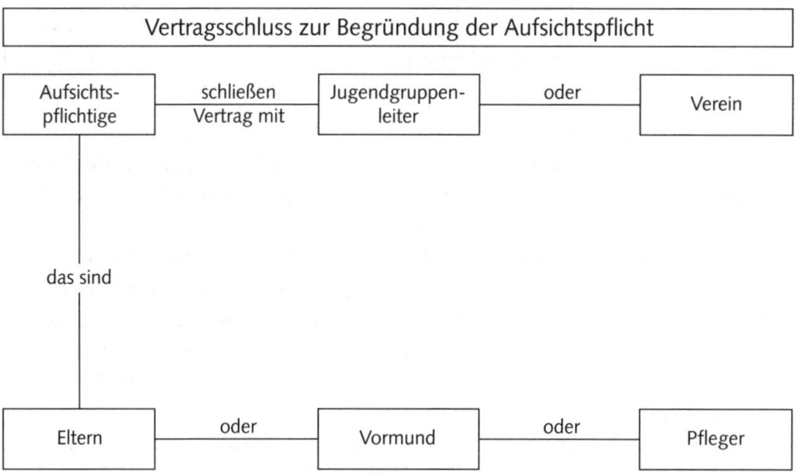

Bei der Haftung sind zwei Fallgruppen zu unterscheiden:

a) Ein zu beaufsichtigender Jugendlicher fügt einem Dritten einen Schaden zu.
b) Das zu beaufsichtigende Kind oder der zu beaufsichtigende Jugendliche wird verletzt.

Befindet sich die Jugendgruppe beispielsweise auf einer Radwanderung und schert einer der Jugendlichen plötzlich aus der Gruppe aus und verur-

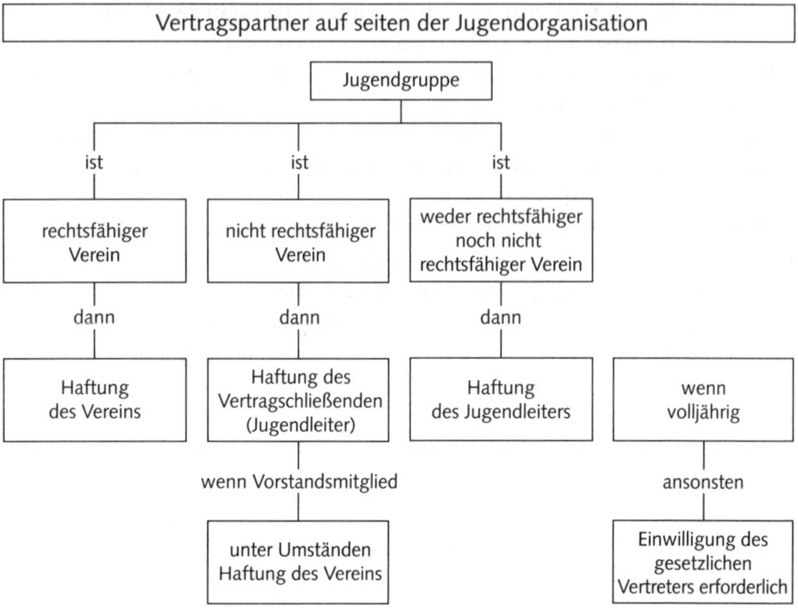

sacht einen Unfall, bei dem ein anderer (z. B. Autofahrer, der ausweichen will) verletzt wird, dann besteht eine Haftung für den Schaden des Anderen. Diese Haftung trifft den, der nach Vorstehendem zuständig ist. Meist wird dies in der Praxis der Verein sein.

Neben der Haftung des Vereins besteht aber die des Jugendleiters, wenn er beispielsweise schuldhaft gehandelt hat. Beide – Jugendleiter und Verein – haften dann für den Schaden aus **gesamtschuldnerischer Haftung**. Im **Innenausgleich** haftet u. U. der Jugendleiter gegenüber dem Verein. Das gilt aber nur dann, wenn er – der Jugendleiter – vorsätzlich oder grob fahrlässig gehandelt hat.

Eine Haftung kommt natürlich nur in Frage, wenn tatsächlich eine Aufsichtspflichtverletzung vorliegt und der betreffende Schaden auf dieser Verletzung beruht. Entsteht ein Schaden **ohne** Verletzung der Aufsichtspflicht, so kommt auch eine Haftung von Jugendleiter bzw. Verein nicht in Frage. Hier ist eine Absicherung im Rahmen einer Unfall- oder Krankenversicherung von besonderer Bedeutung. Die gegebenen Möglichkeiten werden unter D. (S. 68 ff.) behandelt.

Der Aufsichtspflichtige haftet auch dann nicht, wenn er zwar seine Aufsichtspflicht verletzt hat, der Schaden aber auch bei ordnungsgemäßer Aufsichtsführung eingetreten wäre.

Das hat selbst dann zu gelten, wenn die Aufsichtspflicht **kraft Vertrag** durch den Verein übernommen wurde und der Jugendleiter als Erfüllungsgehilfe des Vereins tätig wird.

Im Allgemeinen kommt ein Jugendleiter der Aufsichtspflicht nach, wenn er die den Umständen des Einzelfalles angemessene Sorgfalt walten lässt. **Maßgebend** ist dabei die Zahl der zu Beaufsichtigenden, ihr Alter, ihre geistige Entwicklung, ferner die Umgebung, in der sich die Gruppe befindet, beispielsweise auch die Witterungsverhältnisse, die Tages- bzw. Nachtzeit usw. Die Aufsicht darf nicht überspannt werden. So hat das OLG Koblenz in seinem Urteil vom 2. 2. 1994 (Az.: 1 U 1278/90; VersR 1995 S. 50) zu den Anforderungen an die Aufsichtspflicht der Betreuer einer Feriengruppe aus acht bis zwölf Jahre alten Kindern Stellung genommen, mit denen sie ein Freibad besuchten. Der BGH hat die Revision gegen die Entscheidung des OLG Koblenz mit Beschluss vom 4. 10. 1994 (Az.: VI ZR 77/94) nicht angenommen. Das OLG Koblenz wies u. a. daraufhin, dass die Kinder insgesamt schon in einer Altersstufe waren, in der sie in der Regel den Schulweg allein zurücklegen konnten und auch ansonsten bei ihren Freizeitunternehmungen nicht mehr der ständigen Aufsicht ihrer Eltern bedurften. Weiterhin gab das Gericht zu bedenken, dass gerade der Aufenthalt in einem Kinderferienlager ohne Anwesenheit der Eltern nur unter Betreuung durch junge Erwachsene die Erziehung zur Selbstständigkeit in besonderem Maß fördern soll. Als wichtig sah es das Gericht auch an, dass den Eltern bei der Anmeldung bereits mitgeteilt worden war, dass ein Schwimmbadbesuch mit der Gruppe geplant sei, ohne dass die Eltern des verunglückten Kindes Einwände erhoben hätten.

U. U. muss der Jugendleiter **vorsorglich** tätig werden. Stellt er beispielsweise fest, dass einige Jugendliche sich bei Wanderungen immer wieder verkehrswidrig verhalten, muss er auf diese einwirken, sie über die Gefahren und natürlich auch über das richtige Verhalten belehren. Es kann sogar notwendig sein, den Jugendlichen mit dem Ausschluss von der Wanderfahrt zu drohen, möglicherweise sogar mit dem Ausschluss aus der Gruppe.

Das Gleiche gilt selbstverständlich auch dann, wenn er bemerkt, dass ältere Jugendliche jüngere dazu bewegen wollen, sich verkehrswidrig oder sonst falsch und leichtsinnig zu benehmen.

Der Jugendleiter muss bei seinen Entscheidungen stets das Wohl der ihm anvertrauten Jugendlichen und Kinder im Auge haben. Er muss sich immer darüber im klaren sein, dass er gewissermaßen gerade die Stellung der Eltern einnimmt. Der Jugendleiter muss sich demnach fragen, wie wohl die Eltern, d. h. die Erziehungsberechtigten, in der betreffenden Angelegenheit entschieden hätten.

Allerdings darf hier vom Jugendleiter auch nicht zuviel verlangt werden. Das OLG Hamburg hat in seiner Entscheidung vom 2. 9. 1971 (Az. 4 U 71/ 71; VersR 1973 S. 828) beispielsweise ausgeführt, dass von gemeinnützigen Organisationen, die Ferienaufenthalte für Kinder einkommensschwacher Eltern veranstalten, **nicht verlangt werden kann**, dass sie zur Betreuung der Kinder voll ausgebildete Kräfte wie Jugenderzieher und Lehrer einsetzen. Solche Verbände genügen vielmehr nach Ansicht des Gerichts ihrer **allgemeinen Betreuungspflicht** auch dann, wenn sie sich der ehrenamtlichen Hilfe von pädagogisch ungeschulten, aber verantwortungsbewussten und im Umgang mit Kindern erfahrenen Erwachsenen bedienen.

Diese Grundsätze gelten im Wesentlichen auch bei sonstigen Organisationen mit Jugendgruppen. Dies bedeutet allerdings nicht, dass der Jugendleiter unter Berufung auf diese Entscheidung die oben aufgestellten Grundsätze außer Acht lassen könnte. Das Urteil bezieht sich allein auf die Verantwortung des Vereins, der für seine Jugendarbeit schließlich die Jugendleiter auswählt und gegebenenfalls auch für ihre Ausbildung verantwortlich ist.

Ein Kind oder Jugendlicher muss im Allgemeinen nicht „auf Schritt und Tritt" überwacht werden. So hat der BGH mit Urteil vom 18. 3. 1997 (Az.: VI ZR 91/96, VersR 1997 S. 750) festgestellt, dass die bloße Feststellung einer „Milieuschädigung" des Minderjährigen nicht ausreicht, um den Aufsichtspflichtigen zu einer Überwachung auf Schritt und Tritt zu verpflichten. Hierfür bedarf es vielmehr konkreter Feststellungen, die die Annahme rechtfertigen, dass als Folge besonderer Agressionsbereitschaft oder sonstiger Verhaltensstörungen des Minderjährigen stets mit gefährlichen Streichen zu rechnen ist. In vom BGH zu entscheidenden Fall ging es im Übrigen um eine Schadenssumme von 507 611,– DM(!) – heute: 259 537,38 Euro. Zugrunde lag der Brand in einem Bauernhof, den Mitglieder einer Gruppe zum Teil verhaltensgestörter Kinder im Alter zwischen $1\frac{1}{2}$ und 14 Jahren gelegt hatten. Die insgesamt zehn Kinder, die aus einem Heim stammten, waren mit drei Betreuerinnen auf dem Bauernhof zu einem Ferienaufenthalt aufgenommen worden. Eine ständige Überwachung „auf Schritt und Tritt" ist im Übrigen auch für Kinder im Kindergartenalter nicht erforderlich (Urteil des OLG Düsseldorf vom 12. 10. 1995; Az.: 18 U 225/94, VersR 1996 S. 710).

2. Schädigung eines Dritten

Die Haftung bei Schädigung eines Dritten richtet sich nach dem unter 1. (S. 40) bereits angesprochenen § 832 BGB. Voraussetzung der Haftung aus § 832 BGB ist, dass die minderjährige oder sonst der Aufsicht bedürftige Person einem Dritten widerrechtlich einen Schaden zufügt. Eine schuldhafte Handlung des zu Beaufsichtigenden braucht nicht vorzuliegen. Auch ist es nicht erforderlich, dass der zur Aufsichtsführung Verpflichtete (also der Jugendleiter) schuldhaft handelt. Jedenfalls muss e**s ihm nicht nachgewiesen werden**. Er muss vielmehr den Beweis erbringen, dass er seiner Aufsichtspflicht genügt hat oder der Schaden auch bei gehöriger Aufsichtsführung entstanden sein würde (Entlastungsbeweis).

Der Jugendleiter muss sich aber auch ein **Organisationsverschulden** anlasten lassen. Ein solches liegt beispielsweise dann vor, wenn er eine Gruppe von Jugendlichen, von denen er weiß, dass sie noch sehr kindlich und unvorsichtig sind, eine größere Strecke allein auf einer belebten Straße wandern lässt. Ein Organisationverschulden kann auch darin zu sehen sein, dass er dafür vollkommen ungeeignete Jugendliche zu seinen Stellvertretern macht, oder sie sonst mit Führungsaufgaben betraut. Die eingetretene Schädigung muss allerdings auf diesem Organisationsfehler beruhen.

Es gibt eine umfangreiche Rechtsprechung, aus der die strengen Anforderungen deutlich werden, die an den Entlastungsbeweis gestellt sind. Diese Rechtsprechung hat in erster Linie die Aufsichtsführung durch Eltern zum Gegenstand.

So stellte der Bundesgerichtshof am 19. 9. 1961 (Az.: VI ZR 223/60; VersR 1961 S. 998) die Mithaftung des gesetzlichen Vertreters für den Schaden fest, der einer **Radfahrerin** entstanden war, als sie durch Verschulden eines auf der Fahrbahn Ball spielenden Kindes stürzte. Der Vater hatte dem 13-jährigen Kinde zwar verboten, auf der Fahrbahn zu spielen, die Einhaltung dieses Verbotes jedoch nicht überwacht.

Diese Entscheidung lässt sich leicht auf die vertraglich übernommene Aufsichtspflicht übertragen. Es wird hieraus deutlich, dass Hinweise durch den Jugendleiter an die von ihm betreuten Personen allein nicht genügen. **Er muss vielmehr überwachen**, ob die Hinweise verstanden und auch befolgt werden.

Das gilt auch in Zusammenhang mit der Entscheidung des Bundesgerichtshofes vom 6. 4. 1976 (Az.: VI ZR 93/75; FamRZ 1976 S. 330). Danach haften die Eltern eines 12jährigen Jungen nach § 832 BGB wegen Verletzung ihrer Aufsichtspflicht für den von ihm verursachten Schaden, wenn sie ihm das selbstständige Grillen unter Verwendung von Spiritus zum Anzünden der Holzkohle gestatten.

Übertragen auf die Praxis einer Jugendgruppe bedeutet dies, dass der Jugendleiter in der Auswahl der Kinder oder Jugendlichen, die er mit bestimmten Aufgaben betreut, sehr vorsichtig sein muss. Das gilt natürlich auch in Bezug auf die Beaufsichtigung.

Im nachfolgenden Beispiel wird davon ausgegangen, dass der Jugendleiter für einen rechtsfähigen Verein tätig wurde:

Der Flurschaden:

Auf einer Wanderung zünden mehrere Jugendliche ein Lagerfeuer auf einer Wiese an. Das Feuer breitet sich aus und es entsteht ein erheblicher Schaden, da das gesamte Heu eines Landwirts vernichtet wird. Die Jugendlichen standen unter Aufsicht des Jugendleiters, der nichts gegen das Anzünden des Feuers unternommen hat.

Ergebnis:

Es liegt eine Aufsichtspflichtverletzung vor.

Begründung:

Der Jugendleiter hätte unbedingt einschreiten müssen. Da er dies nicht getan hat, liegt nicht nur eine Aufsichtspflichtverletzung vor, der Jugendleiter hat vielmehr auch fahrlässig im Sinne des § 823 Abs. 1 BGB gehandelt. Unter 3.b (S. 50 ff.) wird zur Frage Stellung genommen, ob der Verein nicht nach den Prinzipien der schadensgeneigten Arbeit die Haftung des Jugendleiters zu übernehmen hat. Allerdings gilt dies nicht bei grobfahrlässigem Handeln. Im vorliegenden Falle muss von grober Fahrlässigkeit ausgegangen werden. Es ist daher nicht erforderlich, auf das Vorliegen einer schadensgeneigten Arbeit näher einzugehen, da der Jugendleiter auch in einem solchen Falle haften würde. Darüberhinaus besteht auch eine (gesamtschuldnerische) Haftung der Jugendlichen. Voraussetzung dafür ist allerdings, dass sie die erforderliche Einsicht in das Gefährliche und Verbotene ihres Tuns sowie in die Folgen hatten.

In einem Fall der geschilderten Art kann dies aber im Allgemeinen unterstellt werden.

Für das Fehlverhalten des Jugendleiters haftet der Verein, da er für ihn einzustehen hat. Da hier ein Dritter geschädigt wurde und nicht der zu Beaufsichtigende (die Beaufsichtigung ist schließlich Gegenstand des bestehenden Vertrages) richtet sich die Haftung des Vereins hier in erster Linie nach der Vorschrift des § 831 BGB. Dort geht es um die Haftung für einen **Verrichtungsgehilfen**, für eine Person also, die der Geschäftsherr (der Verein) zur Durchführung einer Verrichtung bestellt hat. Der Verein kann sich in solchen Fällen (im Gegensatz zur

Haftung für den Erfüllungsgehilfen) entlasten, wenn er nachweist, dass er bei der Auswahl des Jugendleiters die erforderliche Sorgfalt beobachtet hat oder wenn der Schaden trotz Beobachtung der Sorgfalt eingetreten wäre. Der Verein wird diesen Nachweis sicher führen können. Er haftet aber trotzdem, da hier auch eine Vertragsverletzung vorliegt. Der mit den Erziehungsberechtigten abgeschlossene Vertrag (auch wenn dies nur mündlich oder stillschweigend erfolgt ist) verpflichtet aber zur ordnungsgemäßen Aufsichtsführung und damit auch dazu, zu verhindern, dass das Kind oder der Jugendliche Schaden anrichtet, der zur Schadensersatzpflicht führt.

3. Schädigung eines Kindes oder Jugendlichen

a) Art der Schädigung

Wie vorstehend ausgeführt dient der mit den Erziehungsberechtigten abgeschlossene Vertrag der Beaufsichtigung von Jugendlichen oder Kindern.

Es gibt hier – rechtlich gesehen – zwei Möglichkeiten der Schädigungen:

– Der Jugendleiter verletzt den Jugendlichen selbst durch eine bestimmte Handlung.
– Der Jugendliche wird verletzt, weil der Jugendleiter seiner Aufsichtspflicht nicht nachkommt.

In beiden Fällen hat der rechtsfähige Verein für seinen Erfüllungsgehilfen (den Jugendleiter) einzutreten. Daneben kann der Jugendleiter aber selbst – wegen seines schuldhaften Handelns – haften. Es liegt hier ein Fall der gesamtschuldnerischen Haftung vor. Nähere Ausführungen hierzu finden sich unter C.5. – S. 62 ff.

Eine Verletzung des Jugendlichen durch den Jugendleiter selbst kann beispielsweise durch körperliche Misshandlung eintreten (Schläge). Unter A. (S. 16) wurde bereits ausgeführt, dass dem Jugendleiter kein Recht zur körperlichen Züchtigung des Kindes oder Jugendlichen zukommt.

Eine Verletzung aufgrund Verschuldens des Jugendleiters kann auch bei einem Verkehrsunfall vorliegen. Auf die diesbezüglichen Ausführungen unter B.3.e – S. 32 ff. wird verwiesen.

In der Praxis sind die Fälle, in denen ein Jugendlicher durch mangelnde Aufsichtsführung des Jugendleiters verletzt wird, häufiger, als die Fälle, in denen die Schädigung durch eine Handlung des Jugendleiters selbst eintritt. Zum besseren Verständnis dient das folgende Beispiel, wobei auch hier wieder davon ausgegangen wird, dass der Jugendleiter für einen rechtsfähigen Verein tätig wird:

Die Steinschleuder:

Auf einem Ausflug führen mehrere Jugendliche Steinschleudern mit sich. Der Jugendleiter macht sie, als er dies bemerkt, auf die Gefahren aufmerksam, die durch solche Schleudern entstehen können und verbietet ihnen, die Schleudern zu benutzen. Trotzdem muss er bald bemerken, dass einzelne Jugendliche mit den Schleudern auf einander schießen. Der Jugendleiter verwarnt die Jugendlichen, die sich im Alter zwischen 10 und 14 Jahren befinden, nochmals. Die Schleudern nimmt er ihnen aber nicht weg. Etwas später trifft ein Stein, der mittels einer Schleuder abgeschossen wurde, einen Jugendlichen im Gesicht und verletzt ihn schwer.

Ergebnis:

Es liegt eine Aufsichtspflichtverletzung vor.

Begründung:

Der Jugendleiter hätte spätestens zu dem Zeitpunkt, in dem er bemerkte, dass einzelne Jugendliche mit den Schleudern aufeinander schießen, die Schleudern wegnehmen müssen. Die Tatsache, dass er dies nicht getan hat, stellt eine Aufsichtspflichtverletzung dar.

Der Jugendleiter hat übrigens – wenn er die Schleudern wegnimmt – nicht das Recht, sie zu vernichten oder zu beschädigen. Tut er dies doch, liegt der Tatbestand einer Sachbeschädigung vor. Es ist vielmehr seine Pflicht, die Schleudern wegzunehmen und sie später – evtl. nach Beendigung der Freizeit – wieder zurückzugeben. Zweckmäßigerweise gibt er die Schleudern aber nicht den Jugendlichen, sondern ihren Eltern zurück. Was diese dann damit tun, ist nicht seine Angelegenheit. Was vorstehend über Steinschleudern gesagt wurde, gilt natürlich in besonderem Maße, wenn beispielsweise **Messer** oder noch gefährlichere **Waffen** verwendet werden. Der Jugendleiter ist hier – im Gruppeninteresse – absolut berechtigt, die Jugendlichen aufzufordern, ihm solche Gegenstände abzugeben, damit er sie – wie die Steinschleudern – aufbewahrt. Tun sie dies nicht, riskieren sie einen Ausschluss aus der Gruppe und von der Wanderfahrt. Der Jugendleiter ist auch wegen der Gefährlichkeit, die von solchen Waffen, z. B. einer Pistole, ausgeht, berechtigt, das **Gepäck eines Jugendlichen zu durchsuchen**, wenn der begründete Verdacht auf den Besitz einer solchen Waffe besteht. Es empfiehlt sich, bei einer solchen Untersuchung andere Mitglieder der Gruppe als **Zeugen** hinzuzuziehen.

In Zusammenhang mit der Gefährlichkeit des Umgangs mit Wurfgeschossen hat das OLG Celle am 12.2.1997 ein wichtiges Urteil gefällt (Az.: 9 U 139/96; VersR 1999 S. 192). Nach dieser Entscheidung sind gegenüber einem 13-jährigen Jungen allgemein erzieherische Hinweise über die generelle Gefährlichkeit des Umgangs mit Wurfgeschossen wie Schneebällen oder Steinen, mit Zwillen oder ähnlichen verletzungsgeeigneten Gegenständen geboten. Allerdings ist bei einem besonderen Anlass auch eine speziellere Belehrung erforderlich. In dem vom OLG Celle zu entscheidenden Fall hatten zwei Jungen aus Luftpumpen Schusswerkzeuge gebastelt und damit Erbsen verschossen. Eines der beiden Kinder wurde von einem Wurfgeschoss in ein Auge getroffen.

Wie oben bereits ausgeführt, haftet in Fällen der vorliegenden Art der Verein bzw. die Organisation, zu der die Jugendgruppe gehört. Daneben haftet aber der Jugendleiter selbst, wenn er beispielsweise gegen die schutzgesetzliche Vorschrift des § 229 StGB **(fahrlässige Körperverletzung)** verstößt. Ein solcher Fall ist im obigen Beispiel gegeben. Auf § 229 StGB wird im Zusammenhang mit den strafrechtlichen Folgen einer Aufsichtspflichtverletzung unter E.2. (S. 79), näher eingegangen.

§ 229 StGB ist auch im nachfolgenden Beispiel anzuwenden. Dort geht es wieder um ein Handeln des Jugendleiters, verbunden aber auch mit einer klaren Aufsichtspflichtverletzung.

Die Grillparty:

Ein Jugendleiter leitet im Auftrag eines rechtsfähigen Vereins in einem freien Gelände eine Grillparty. Das Grillgerät wird angeheizt. Das Feuer will nicht so recht brennen. Der Jugendleiter schüttet etwas Spiritus nach, um das Feuer anzufachen. Es kommt zu einer plötzlichen Stichflamme. Einer der Jugendlichen erleidet schwere Verbrennungen.

Ergebnis:

Der Verein haftet für die Folgen der Verletzung als Vertragspartner der Erziehungsberechtigten des Jugendlichen. Daneben haftet der Jugendleiter für die Folgen der Verletzung wegen seines Verschuldens.

Begründung:

Der Verein hat als Vertragspartner ein Verschulden der Person, der er sich zur Erfüllung seiner Verbindlichkeit (hier also der Durchführung der Aufsichtspflicht) bedient, **im gleichem Umfange zu vertreten** wie eigenes Verschulden (§ 278 BGB). Dies bedeutet, dass er für Vorsatz, aber auch für Fahrlässigkeit einzutreten hat (§ 276 Abs. 1 BGB). Es liegt hier zweifellos ein Verstoß gegen die (vertragliche) Abmachung mit den Erziehungsberechtigten vor, die Jugendlichen ordnungsgemäß zu beaufsichtigen, d. h. Schaden von ihnen fernzuhalten.

Die Haftung des Jugendleiters selbst richtet sich zunächst nach § 823 Abs. 1 BGB. Aufgrund dieser Vorschrift haftet derjenige, der vorsätzlich oder fahrlässig z. B. das Leben, den Körper oder die Gesundheit eines anderen widerrechtlich verletzt. Es kommt dabei nicht darauf an, dass jemand grobfahrlässig gehandelt hat. Vielmehr genügt die **einfache (leichte) Fahrlässigkeit**. Im vorliegenden Falle muss allerdings von grober Fahrlässigkeit ausgegangen werden.

Zu beachten ist auch die Vorschrift des § 823 Abs. 2 BGB (Verstoß gegen ein Schutzgesetz). Ein Schutzgesetz stellt – wie bereits erwähnt – auch die Vorschrift des § 229 StGB dar (Strafbarkeit einer fahrlässigen Körperverletzung).

Der Jugendleiter **hat auch die Aufsichtspflicht verletzt**. Er hätte zumindest dafür sorgen müssen, dass sich die Jugendlichen in einer angemessenen Entfernung zum Feuer aufhalten.

Ein etwaiges **Mitverschulden** des verletzten Jugendlichen ist zu berücksichtigen. Nach Lage des Falles liegt ein solches Mitverschulden vor. Bezüglich der Frage, wieweit der Jugendliche überhaupt schuldhaft handeln kann, wieweit er also schuldfähig ist, sind die Ausführungen unter B.3.b – S. 25 ff. zur Deliktsfähigkeit zu beachten.

b) Gefahrgeneigte Arbeit

Der Bundesgerichtshof (BGH) hatte sich am 5. 12. 1983 (Az.: II ZR 252/82; VersR 1984 S. 281) mit der Frage zu beschäftigen, ob ein Jugendleiter nicht ganz oder teilweise von der Haftung **freizustellen** sei. Es wurden dabei die Grundsätze bei **„gefahrgeneigter Arbeit“**, die etwa im Arbeitsrecht gelten, angewandt.

Das Urteil vom 5. 12. 1983 ist von besonderer Bedeutung für die Haftung von Jugendleitern und soll deshalb nachfolgend näher untersucht werden:

Ein Pfadfinderstamm kehrte von einer Ferienfahrt in die Südbretagne zurück. Die Fahrt war vom Stammesführer, einem Erwachsenen geleitet worden, der von Beruf Bauingenieur und Architekt war. Da die Zelte der Gruppe nass waren, traf sich der Stammesführer mit einer Gruppe 14- bis 17-jähriger Pfadfinder, um die Zelte zum Trocknen aufzuhängen. Dafür hatte der Vater eines 16-jährigen Pfadfinders eine halboffene, überdachte Lagerhalle zur Verfügung gestellt. Es wurde beschlossen, die Zelte an den Verstrebungen der Dachkonstruktion in 3 bis 4 m Höhe aufzuhängen und dazu einen in der Halle abgestellten, von einem Verbrennungsmotor angetriebenen Gabelstapler einzusetzen. Der Pfadfinder, dessen Vater die Halle zur Verfügung gestellt hatte, erklärte, er könne den Gabelstapler bedienen. Er holte den Fahrzeugschlüssel aus dem Büro seines Vaters und setzte das Fahrzeug in Gang. Mit dem Gabelstapler nahm er einen leeren, ca. 70 kg schweren Drahtgitterbehälter auf, der lose auf den Lastträgern saß. Zwei Pfadfinder stiegen in den Behälter und ließen sich auf die Höhe der Dachkonstruktion heben, wo sie die Zelte aufhängten. Beim Aufhängen des 17. und letzten Zeltes kippte der Drahtgitterbehälter mit den beiden Jugendlichen seitlich von den Trägern des Gabelstaplers ab. Beide Jungen wurden schwer verletzt.

Der Pfadfinderverein hatte seine Mitglieder über den Deutschen Pfadfinderverband e. V, den Dachverband der Pfadfinderbünde, bei einer Versicherung haftpflichtversichert. Im vorliegenden Fall bestand jedoch kein Versicherungsschutz, weil nach dem Versicherungsvertrag die Haftpflicht „aus Halten oder Besitz, ferner aus Anlass von Inbetriebsetzen oder Lenken von Kraftfahrzeugen, gleichgültig durch wen, aus welchem Anlass oder zu welchem Zweck das Inbetriebsetzen oder Lenken erfolgt" (sog. große Benzinklausel) nicht versichert war. Im zu entscheidenden Falle ging es nicht um die Haftung aus Vertragsverletzung, für die der Verein einzutreten hat, sondern allein um die daneben bestehende Haftung des Jugendleiters aus eigenem Verschulden.

Der Bundesgerichtshof kam zur Auffassung, dass der Jugendleiter seine gegenüber den minderjährigen Jugendlichen bestehende Aufsichts- und Fürsorgepflicht **schuldhaft verletzt und sich schadensersatzpflichtig** gemacht hat, weil er die Verwendung des Gabelstaplers zum Aufhängen der Zelte nicht verhindert hat. Bei Anwendung der im Verkehr erforderlichen Sorgfalt hätte er erkennen müssen, dass es gefährlich sei, die Jugendlichen in einem lose auf die Trägervorrichtung des Gabelstaplers gestellten Eisenkorb zum Aufhängen der Zelte auf- und abwärts zu fahren.

Der BGH führte in seinem Urteil weiter aus, dass der Jugendleiter die Schädigung des Pfadfinders (im Streitfall ging es nur um die Verletzung eines der beiden Pfadfinder) fahrlässig herbeigeführt hatte und er deshalb gem. § 823 Abs. 1 BGB zum Schadensersatz verpflichtet war.

Es war also ein Verschulden des Leiters vorhanden, doch muss hier – nach Ansicht des BGH – **das Gefährliche der Tätigkeit berücksichtigt werden**, die der Jugendleiter als Führer eines Pfadfinderstammes durchführte. Als Stammesführer hatte es der Jugendleiter übernommen, die Pfadfinderideale den ihm anvertrauten Kindern und Jugendlichen durch die in der Bundessatzung der Pfadfinder festgelegten Mittel der pfadfinderischen Erziehung zu vermitteln. Seine Tätigkeit bestand sonach im Wesentlichen im Umgang mit Kindern und Jugendlichen. Die Arbeit mit diesen erfordert im Sinne der Pfadfinderideale sportliche oder Mut und Entschlossenheit verlangende Aktivitäten, bei denen auch Handeln aus „Übermut" nicht auszuschließen ist.

Gerade die Erziehung zum einfachen Leben in der Natur, wie sie die Bundessatzung der Pfadfinder vorsieht, zu sportlichem Verhalten, zum Einsatz für andere verlangt gelegentlich Aktionen, die nicht frei von einem freilich möglichst gering zu haltenden Risiko sind. Daraus ergibt sich nach Meinung des BGH, dass die Jugendleiter des beklagten Pfadfindervereins in verstärktem Maße der Gefahr ausgesetzt sind, die ihnen übertragenen Aufsichts- und Überwachungspflichten zu verletzen und sich dadurch schadensersatzpflichtig zu machen. Sofern sich bei der Durchführung einer satzungsmäßigen Aufgabe diese Gefahr verwirklicht, ist es in der Regel gerechtfertigt, den Jugendleiter den Schaden jedenfalls nicht allein tragen zu lassen.

Der BGH griff insoweit auf den im **Arbeitsrecht** entwickelten Gedanken zurück, dass der Arbeitgeber dem Arbeitnehmer nicht eine Belastung mit solchen Schäden und Schadensersatzansprüchen zumuten darf, die letztlich aus der besonderen Gefahr der übertragenen Arbeit folgen und als solche auch dann zum typischen, vom Unternehmen zu tragenden Betriebsrisiko gehören können, wenn sie im Einzelfall vom Arbeitnehmer schuldhaft herbeigeführt worden sind. (Aus der arbeitsgerichtlichen Rechtsprechung sind hier auch die Urteile des BAG vom 24. 11. 1987 – Az.: 8 AZR 66/82 und 8 AZR 524/82; BB 1988 S. 1604 bzw. S. 1601 zu nennen). Auch der Verein darf Mitglieder, die er zur Durchführung schadenträchtiger Aufgaben einsetzt (und die dadurch in besonderem Maß ihrer vereinsrechtlichen Treuepflicht genügen), grundsätzlich nicht mit den Folgen solcher Schäden belasten, die aus der besonderen ihm selbst zuzuschreibenden Gefahr der übertragenen Aufgabe folgen. Dies gilt jedenfalls dann, wenn das Mitglied – wie hier – ehrenamtlich, also unentgeltlich tätig geworden ist.

Nach Ansicht des BGH **liegt die Anerkennung einer grundsätzlichen Freistellungsverpflichtung des Vereins bei schadengeneigter Tätigkeit nicht nur im Interesse der betroffenen Vereinsmitglieder, sondern auch des Vereins selbst**. Die Vereine sind schließlich auf die ehrenamtliche Mitarbeit von Mitgliedern angewiesen. Ohne diese Mitarbeit wären sie in aller Regel nicht in der Lage, ihre Aufgaben zu erfüllen. Müssten die ehrenamtlich tätigen Mitglieder alle Risiken der ihnen übertragenen Aufgaben grundsätzlich allein tragen, hätte dies zur Folge, dass ein erheblicher Teil von ihnen nicht mehr zur Mitarbeit bereit wäre. Das würde aber zu einer erheblichen Störung des Vereinslebens führen. Um das zu verhindern, schließen die Vereine in aller Regel Haftpflichtversicherungen zu Gunsten ihrer Jugendleiter ab (vgl. dazu auch unter D. – S. 68 ff). Die im vorliegenden Falle bestehende Haftpflichtversicherung war aber – wie geschildert – nicht eintrittspflichtig.

Der Freistellungsanspruch des Jugendleiters würde nach Ansicht des BGH scheitern, d. h. er würde im vollen Umfange haften, wenn er den Unfall **vorsätzlich oder grob fahrlässig** herbeigeführt hätte. In einem solchen Fall hat auch nach arbeitsrechtlichen Grundsätzen der Arbeitnehmer in der Regel den Schaden allein zu tragen. Das muss sinngemäß auch für die Einstandspflicht eines Vereins bei haftungsbedrohter Tätigkeit eines Jugendführers gelten.

Bezüglich der Begriffe „Vorsatz" und „Fahrlässigkeit" kann auf die Ausführungen unter B.3.a – S. 25 ff. verwiesen werden. **Das Vorliegen grober Fahrlässigkeit bedeutet ein besonders starkes Außerachtlassen der im Verkehr erforderlichen Sorgfalt.** Der BGH wies daher darauf hin, dass die Rechtsprechung unter grober Fahrlässigkeit ein Handeln verlangt, bei dem die erforderliche Sorgfalt nach den gesamten Umständen in ungewöhnlich großem Maß verletzt worden ist und bei dem dasjenige unbeachtet geblieben ist, was im gegebenen Fall jedem hätte einleuchten müssen. Im vorliegenden Falle war aber nur ein **mittleres Verschulden** anzunehmen. Einerseits habe es sich nicht nur um eine alltägliche Fehlleistung gehandelt. Der Jugendleiter hätte sich bei einigem Nachdenken sagen müssen, dass der Eisenkorb herabstürzen könne und Zweifel angebracht seien, ob ein 16-jähriger Junge einen Gabelstapler bedienen könne. Andererseits liege kein besonders hohes Maß an Verschulden im Sinne grober Fahrlässigkeit vor. Der Jugendleiter habe den Jugendlichen eine gewisse Körperbeherrschung und Gewandtheit zutrauen und sich auf das (Pfadfinder-)Wort des den Gabelstapler fahrenden Jugendlichen in gewissem Grad verlassen dürfen, er könne das Gerät bedienen.

Zu klären war noch, in **welchem Umfange** ein Freistellungsanspruch bestand. Das Berufungsgericht war von einer Haftungsverteilung 1:3 zu Lasten des Jugendleiters ausgegangen (also ein Viertel Haftung des Vereins und drei Viertel Haftung des Jugendleiters). Diese Entscheidung hatte der Jugendleiter nicht angefochten. Daher konnte sie der BGH nicht aufheben. **Er hielt es allerdings für fraglich, ob angesichts der neueren Rechtsprechung des Bundesarbeitsgerichts zu schadengeneigten Tätigkeiten eine Schadenteilung zu Lasten des Vereinsmitglieds überhaupt in Betracht kommt, wenn dieses den Schaden weder vorsätzlich noch grob fahrlässig verursacht hat.** Diese Frage ist letztlich offen geblieben.

Unter A. (S. 12 ff.) war daraufhingewiesen worden, dass zur Vorbereitung einer Freizeit oder ähnlicher Veranstaltungen eine entsprechende Information der Eltern unbedingt erforderlich ist. Äußern die Eltern nun bestimmte

Wünsche in Zusammenhang mit dem Verhalten ihrer Kinder, so müssen diese berücksichtigt werden, falls der Jugendleiter die Eltern nicht davon überzeugen kann, von diesen Wünschen Abstand zu nehmen. Dem besseren Verständnis dient das nachfolgende Beispiel:

Das Zeltlager:
Während der Vorbereitung eines Zeltlagers war beschlossen worden, dass die Jugendlichen zu einer bestimmten Uhrzeit im Lager sein müssen. Dieser Regelung haben die Eltern zugestimmt. Während des Zeltlagers fordern die Jugendlichen den Jugendleiter auf, die Ausgehzeiten zu verlängern.

Ergebnis:
Der Jugendleiter kann nicht von der einmal getroffenen Vereinbarung abweichen.

Begründung:
Der Jugendleiter handelt hier an Stelle der Eltern. Die Eltern haben aber bestimmt (bzw. einer Regelung zugestimmt), dass die Jugendlichen bis zu einer bestimmten Uhrzeit im Lager sein müssen. Wenn nicht außergewöhnliche Umstände (z. B. Bedrohen des Lagers durch eine Naturkatastrophe o. Ä.) vorliegen, kann der Jugendleiter hiervon nicht abweichen. Empfehlenswert ist es, solche Zeitbeschränkungen nicht nur mit den Eltern zu vereinbaren, sondern dies vor Antritt der Freizeit auch mit den Jugendlichen abzusprechen.

Wurde eine entsprechende Vereinbarung nicht abgeschlossen, muss der Jugendleiter nach den Gegebenheiten des Einzelfalles beurteilen, wie lange die Jugendlichen Ausgang haben. Er muss dabei das Alter und die Einsichtsfähigkeit der Jugendlichen berücksichtigen, selbstverständlich auch die Eigenheiten der Umgebung, in der sich die Gruppe aufhält.

In diesem Zusammenhang sei das rechtskräftige Urteil des Oberlandesgerichts (OLG) Stuttgart vom 26. 9. 1985 (Az.: 7 U 262/84; VersR 1986 S. 927) erwähnt. Ein ehemaliger Teilnehmer eines Jugendlagers hatte den damals verantwortlichen Jugendleiter verklagt, er habe als Organisator und Betreuer des Zeltlagers seiner Aufsichtspflicht nicht genügt.

Mit anderen Jugendlichen hatte sich der Kläger, ein fast 16-jähriger Gymnasiast, **ohne Begleitung einer Aufsichtsperson** abends in eine nahe gelegene Ortschaft begeben. Die Jugendlichen hatten Ausgang bis 22.30 Uhr. Auf dem Rückweg liefen sie, da sie sich verspätet hatten, im Laufschritt. Unmittelbar nach dem Erreichen der Route nationale (die Zeltlagerfreizeit wurde in Südfrankreich durchgeführt) trat der Kläger gegen 23.25 Uhr auf dem unbefestigten Seitenstreifen in eine Wasserlache, die von vorangegangenen starken Regenfällen herrührte. Als er auf die Straße auswich, wurde er trotz warnenden Zurufs eines seiner Begleiter von einem herannahenden Pkw angefahren und erheblich verletzt. Der Verletzte verklagte den Jugendleiter mit der Begründung, er hätte den Jugendlichen zu später Stunde bei Dunkelheit nicht freien Ausgang ohne Beaufsichtigung gewähren dürfen. Bei ordnungsgemäßer Beaufsichtigung wäre es nicht zu dem Unfall gekommen.

Die Klage ist rechtskräftig abgewiesen worden. Das OLG Stuttgart verwies zunächst auf die Angaben des Klägers und seiner gesetzlichen Vertreter, dass sich diese auf eine Aussage des Veranstalters, der gleichzeitig Leiter der Freizeit war, vor der Freizeit verlassen hätten. Der Jugendleiter hatte versprochen, die Reiseteilnehmer stünden unter umfassender und sachkundiger Aufsicht und Betreuung. Dies bedeutete, dass sich die Aufsicht und Betreuung nach den Bedürfnissen der Jugendlichen zu richten hatte.

Das Gericht sah keinen Pflichtverstoß des Jugendleiters darin, dass er den etwa 16-jährigen Jugendlichen Ausgang ohne Aufsicht bis 22.30 Uhr gewährte. Dieser Ausgang war den Jugendlichen nur deshalb gewährt worden, weil sie zum Kreis der als zuverlässig bekannten Jugendlichen gehörten. Der Jugendleiter durfte sich auch darauf verlassen, dass der später Verletzte und seine Begleiter die Ausgangszeit einhalten würden, nachdem entgegenstehende negative Erfahrungen mit ihnen nicht bestanden. Dafür, dass der Jugendleiter grundsätzlich die Einhaltung der vorgegebenen Verhaltensmaßregeln überwacht hat, spricht auch, dass der Kläger und seine Begleiter versucht hatten, die drohene Überschreitung der Ausgangszeit dadurch abzuwenden, dass sie den Rückweg im Laufschritt absolvierten.

Von einem Gymnasiasten im Alter des Klägers durfte erwartet werden, dass er auch mit den an der Unfallstelle herrschenden Verkehrsverhältnissen als Fußgänger ohne weiteres zurechtkommen werde. Dies gilt auch für die vom Kläger behaupteten Umstände einer unbeleuchteten und nassen Fahrbahn. Selbst wenn die vom Beklagten behauptete und vom Kläger bestrittene besondere Unterweisung über den einzuhaltenden Weg unterblieben wäre, kann von einem fast 16-jährigen Gymnasiasten (der im Übrigen bereits im Vorjahr diese Freizeit besucht hatte) angenommen werden, dass er von sich aus weiß, wie er sich im Straßenverkehr zu verhalten hat.

c) Gesundheitliche Verhältnisse

In der unter A. abgedruckten Einverständniserklärung (S. 13) wird nach bestehenden Krankheiten und Unverträglichkeiten des Kindes bzw. Jugendlichen gefragt. Dies kann insbesondere dann von besonderer Bedeutung sein, wenn etwa Ausflüge ins Gebirge oder sonstige strapaziöse Exkursionen geplant sind.

Das nachfolgende Beispiel zeigt, zu welchen Komplikationen es hier kommen kann:

Die Bergwanderung:

Ein Jugendleiter unternimmt mit einer Gruppe Jugendlicher eine Bergwanderung. Einer der Jugendlichen macht ihn darauf aufmerksam, dass er Höhenluft nicht verträgt und in großen Höhen leicht Kreislaufstörungen bekommt. Der Jugendleiter beruhigt ihn und meint, so erheblich seien die Höhenunterschiede nicht. Ein anderer Jugendlicher, der von dieser Unterredung nichts weiß, hat das gleiche Leiden, verschweigt es aber dem Jugendleiter. Der Jugendleiter kennt natürlich die zu überwindende Höhe. Er hat aber die Angaben des einen Jugendlichen nicht ernst genommen. Beide Jugendlichen erleiden während der Wanderung ernsthafte Kreislaufstörungen.

Ergebnis:

Der Jugendleiter ist für den Schaden verantwortlich, der dem Jugendlichen entsteht, welcher ihn auf seine Krankheit aufmerksam gemacht hat.

Begründung:

Aus seiner Stellung als Leiter der Jugendgruppe ergibt sich, dass der Jugendleiter vor einer solchen Unternehmung nach evtl. zu beachtenden Gesundheitsrisiken fragen muss. Das ergibt sich auch daraus, dass der Jugendleiter gewissermaßen an die Stelle der Eltern getreten ist. Er hat die Aufsicht über die Kinder an Stelle der Eltern übernommen, muss sich also stets fragen, wie die Eltern handeln würden.

Er hätte den Jugendlichen, der ihn auf sein Leiden aufmerksam machte, zurücklassen müssen. Selbstverständlich darf das Zurücklassen nicht in der Weise geschehen, dass der Jugendliche allein auf die Rückkehr der Gruppe warten muss und dabei etwa anderen Gefahren ausgesetzt ist.

Falls mehrere Jugendleiter die Gruppe begleiten, wird zweckmäßigerweise einer von ihnen bei dem Jugendlichen zurückbleiben. Anderenfalls muss der Jugendliche auf andere Weise sicher untergebracht werden (z. B. bei einer Familie, die die Aufsicht übernimmt). Ist dies alles nicht möglich, so muss u. U. auf die beabsichtigte Wanderung verzichtet werden.

Es empfiehlt sich in diesem Zusammenhang immer, bereits bei der **Ankündigung der Jugendfreizeit** auf Unternehmen dieser Art hinzuweisen (das gilt auch für den Fall, dass zum Schwimmen gegangen wird). Die Erziehungsberechtigten haben dann die Möglichkeit, eine Teilnahme des Kindes zu verhindern oder den Jugendleiter über etwaige Gesundheitsrisiken zu verständigen.

Der Jugendleiter hat hier fahrlässig gehandelt. Die Haftung ergibt sich aus § 823 BGB.

Eine Verantwortung für den bei dem zweiten Jugendlichen auftretenden Schaden entsteht nicht. Das gilt aber nur unter der Voraussetzung, dass dem Jugendleiter das Leiden des zweiten Jugendlichen nicht aufgrund früherer Erfahrung, aus Erzählungen von anderen Jugendlichen usw. bekannt war.

Wären die Eltern des Kindes vor der Bergwanderung **ausreichend informiert** und um Mitteilung aktueller einschlägiger Krankheiten gebeten worden, hätte aber auch hier ein Schaden vermieden werden können.

d) Amtshaftung

aa) Haftung nach außen

Bei Schullandheimaufenthalten und Wanderungen werden oftmals Lehrer und Erzieher tätig, die Beamte sind. Hier gilt § 823 BGB nicht.

Vielmehr ist Rechtsgrundlage für evtl. Schadensersatzansprüche die Vorschrift des § 839 BGB. Verletzt danach ein Beamter vorsätzlich oder fahrlässig die ihm einem Dritten gegenüber obliegende Amtspflicht, so hat er dem Dritten den daraus entstehenden Schaden zu ersetzen. Fällt dem Beamten allerdings lediglich **Fahrlässigkeit** zur Last, so kann er nur dann in Anspruch genommen werden, wenn der Verletzte nicht auf andere Weise Ersatz zu erlangen vermag. Bei vorsätzlicher Handlung besteht dieser Haftungsausschluss nicht.

Hat der Beamte in Ausübung **öffentlicher Gewalt** gehandelt, so tritt für ihn **sein Dienstherr** (also der Bund, das Land, oder eine öffentlich-rechtliche Körperschaft, wie etwa eine Gemeinde oder ein Landkreis) ein (Art. 34 GG).

Von der Ausübung hoheitlicher Tätigkeiten sind **fiskalische Tätigkeiten** (wie der Einkauf von Papier usw.) zu trennen.

Beamter im Sinne des § 839 BGB ist jede Person, die die öffentliche Hand mit öffentlicher Gewalt ausstattet. Zu denken ist hier z. B. neben den Lehrern an Beamte der Gemeinden, der Landkreise oder der Jugendämter bei der Durchführung von Jugendfreizeiten und sonstigen Veranstaltungen, an denen Kinder oder Jugendliche teilnehmen.

Entscheidend ist nicht die staatsrechtliche Stellung als Beamter, sondern die Tätigkeit, die die beauftragte Person auszuführen hatte. Ist diese Tätigkeit als Ausübung anvertrauter öffentlicher Gewalt zu werten, so kommt die Haftungseinschränkung nicht nur dem „Beamten" im engsten Sinne zugute. Es fallen hierunter auch **Angestellte und Arbeiter** der öffentlichen Körperschaft, die im Auftrag einer amtlichen Stelle hoheitliche Aufgaben erfüllen.

Der **Lehrer** kann z. B. seine Befugnisse auf einen Schüler delegieren, dem er die Aufsicht über seine Klassenkameraden anvertraut. **Schülerlotsen** sind „hoheitlich" tätig. Das gilt auch für die Putzfrau eines städtischen Kindergartens, die den Eltern eines Kindes eine Nachricht zu überbringen hat und auf dem Wege dorthin einen Unfall verschuldet.

In diesem Zusammenhang hat das OLG Dresden mit Urteil vom 4.12. 1996 (Az.: 6 U 1393/96; VersR 1997, S. 968) entschieden, dass den Gemeinden die Durchführung der Jugendhilfe (hier: Heimerziehung) als Selbstverwaltungsaufgabe obliegt. Erbringt eine Gemeinde diese Leistung in einer eigenen Einrichtung, so wird sie hoheitlich tätig und haftet bei Verletzung von Aufsichtspflichten nach Amtshaftungsgrundsätzen.

Dritter im Sinne des § 839 BGB ist derjenige, gegen den sich die Amtshandlung richtet oder auf den sich die Fürsorge erstreckt, bei welcher der Beamte seine Amtspflicht verletzt hat.

bb) Haftung nach innen

§ 839 BGB regelt (in Verbindung mit Art. 34 GG) nur die Amtshaftung nach außen. Der Beamte haftet aber auch **seinem Dienstherrn** und zwar

a) wegen der Schäden, die ihm direkt zugefügt wurden und
b) wegen eines Schadens, der dadurch entstanden ist, dass der Dienstherr wegen eines Verschuldens des Beamten Schadensersatz zu leisten hat.

Maßgebend sind hier die Beamtengesetze von Bund und Ländern. In der Regel wird vorgeschrieben, dass der Beamte in beiden Fällen gegenüber seinem Dienstherrn haftet, wenn er den Schaden vorsätzlich oder grob fahrlässig angerichtet hat. Neben der Verpflichtung zum Schadensersatz steht aber das Recht bzw. die Pflicht des Dienstherrn, in einschlägigen Fällen ein Disziplinarverfahren gegen den Beamten durchzuführen. Insbesondere gilt dies natürlich dann, wenn sich ein Beamter durch eine im Dienst begangene Handlung strafbar gemacht hat.

4. Umfang der Haftung

a) Art der Ansprüche

Wer zum Schadensersatz verpflichtet ist, hat nach § 249 BGB **den Zustand herzustellen, der bestehen würde, wenn der zum Ersatz verpflichtende Umstand nicht eingetreten wäre**. Ist wegen Verletzung einer Person oder wegen Beschädigung einer Sache Schadensersatz zu leisten, so kann der Gläubiger (Geschädigter) statt der Herstellung den dazu erforderlichen Geldbetrag verlangen.

In Zusammenhang mit der Haftung des Jugendleiters bzw. des Vereins, für den er tätig ist, kommt in erster Linie eine Entschädigung für **Verletzungen** in Frage. Zu ersetzen sind hier zunächst die **Heilbehandlungskosten**, wie die Kosten ärztlicher Behandlung, eines stationären Aufenthalts, von Arznei- und Heilmitteln usw. War der Jugendliche bereits erwerbstätig, wäre der **Verdienstausfall** zu ersetzen. Hinzu kommen die Kosten bei **Sachbeschädigungen**, wie etwa eines Kraftfahrzeuges, das bei einem Verkehrsunfall beschädigt wurde, sowie die Kosten für Reparatur oder Reinigung von Kleidungsstücken, die bei einem Unfall in Mitleidenschaft gezogen wurden.

Körperverletzungen können enorme Kosten verursachen. Schließlich geht es nicht nur um die Bezahlung der aktuellen ärztlichen Behandlung. In vielen Fällen kommt es zu **Folgeerkrankungen**, manchmal auch zu Behandlungen, die das gesamte Leben andauern. Ist ein Jugendlicher durch einen Schadensfall beispielsweise für Dauer oder für längere Zeit erwerbsunfähig geworden, muss u. U. eine Rente bezahlt werden.

Die Entschädigung durch **Schmerzensgeld** sieht § 253 Abs. 2 BGB vor. Im Falle einer Körperverletzung kann der Verletzte auch wegen des nicht materiellen Schadens (Schmerzen) eine Entschädigung in Geld verlangen. Die Zahlung einer **Schmerzensgeldrente** kommt dann in Frage, wenn die Schmerzen einen längeren Zeitraum hinweg anhalten, z. B. bei einem komplizierten Bruch usw.

Wurde eine Frau beispielsweise durch Missbrauch eines Abhängigkeitsverhältnisses zur außerehelichen Beiwohnung bestimmt, steht ihr ebenfalls ein Schmerzensgeld zu. § 253 Abs. 2 BGB sieht ausdrücklich einen Schmerzensgeldanspruch bei Verletzung der sexuellen Selbstbestimmung vor. Im Übrigen ist hier § 825 BGB zu beachten. Wer danach einen anderen durch Hinterlist, Drohung oder Missbrauch eines Abhängigkeitsverhältnisses zur Vornahme sexueller Handlungen bestimmt, ist ihm zum Ersatz des daraus entstehenden Schadens verpflichtet. Ein solches Abhängigkeitsverhältnis könnte beispielsweise ein Erzieher, u. U. auch der Leiter einer Jugendgruppe ausnützen.

Zu den bisher aufgezählten Kosten kommen u. U. noch **Gerichtskosten** (anlässlich eines ganz oder teilweise verlorenen Schadensersatzprozesses), sowie die gesamten oder anteiligen Kosten des Anwaltes der (im Rechtsstreit ganz oder teilweise siegenden) Gegenpartei.

Schadensersatzpflichtige glauben oft, dass sie von der Zahlung der Kosten für eine ärztliche oder stationäre Behandlung, der Arzneikosten usw. befreit sind, wenn der Geschädigte **gesetzlich oder privat krankenversichert ist**. Dies ist ein Irrtum. Während sich die privaten Krankenversicherer (gilt auch für Unfallversicherer) die Ansprüche gegen den Schadensverursacher von ihrem Mitglied abtreten lassen, soweit sie leisten, gehen die Schadensersatzansprüche auf den gesetzlichen Leistungsträger gewissermaßen automatisch über. Rechtsgrundlage ist hier § 116 Sozialgesetzbuch X. Danach geht ein auf gesetzlichen Vorschriften beruhender Schadensersatzanspruch insoweit auf einen Sozialversicherungsträger über, als dieser aufgrund des Schadensereignisses Sozialleistungen zu erbringen hat. Es handelt sich um einen **gesetzlichen Anspruchs- oder Forderungsübergang**. Der Übergang des Anspruches ist nicht von einer Abtretung des Verletzten abhängig. Es ist auch gleichgültig, ob der Geschädigte von einer Krankenkasse Leistungen als Kassenmitglied oder als mitversicherter Familienangehöriger erhält.

Wird ein Verletzter voll- oder teilweise erwerbsgemindert und gewährt ein gesetzlicher Rentenversicherungsträger eine entsprechende **Rente**, tritt der vorstehend geschilderte Rechtsübergang ebenfalls ein. Das gilt auch bei Leistungen des Sozialamtes.

Was bisher über Ansprüche bei Verletzungen gesagt wurde, gilt auch für sog. Schockschäden. Schadensersatzansprüche bestehen ferner im Falle der **Tötung eines Menschen**. In einem solchen Fall hat der Ersatzpflichtige aufgrund des § 844 Abs. 1 BGB die Kosten der Beerdigung demjenigen zu ersetzen, welchem die Verpflichtung obliegt, diese Kosten zu tragen. Erbringt beispielsweise eine gesetzliche Krankenkasse hier Leistungen, kann sie diese aufgrund übergegangenen Anspruchs gegenüber dem Schädiger geltend machen.

War der Getötete jemandem unterhaltspflichtig, muss der Schädiger diesen **Unterhalt** gewähren (§ 844 Abs. 2 BGB). In der Regel geschieht dies in Form einer Unterhaltsrente. Erbringt beispielsweise ein Träger der gesetzlichen Rentenversicherung wegen des Schadensfalles eine **Waisenrente**, so ist ihm Ersatz zu leisten.

b) Mitverschulden

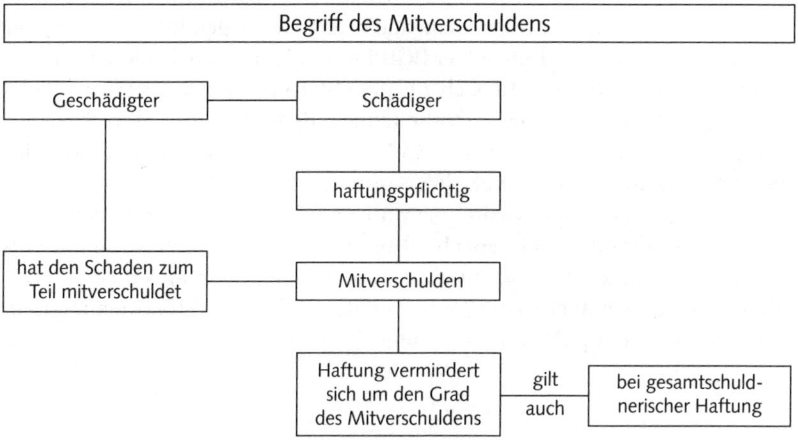

Bei vielen Schadensfällen trifft auch die eigentlich Geschädigten (Verletzten) ein Mitverschulden. Dieses Mitverschulden mindert den Schadensersatzanspruch (§ 254 Abs. 1 BGB). Die Höhe des Anspruches hängt demnach davon ab, inwieweit der Schaden vorwiegend von dem einen oder dem anderen Teile verursacht worden ist.

Vorstehendes gilt gem. § 254 Abs. 2 BGB auch dann, wenn sich das Verschulden des Geschädigten darauf beschränkt, dass er es unterlassen hat, den Schädiger auf die Gefahr eines ungewöhnlich hohen Schadens aufmerksam zu machen, die der Schädiger weder kannte noch kennen musste. Hierzu folgendes **Beispiel**:

> Teilnehmer einer Jugendgruppe versuchen, bei einer Waldwanderung abzukürzen und gehen durch einen Privatgarten, obwohl der Besitzer es ihnen verboten hat. Sie zertrampeln dabei einige Blumen. Der Gartenbesitzer macht sie für den Schaden verantwortlich und stellt eine Rechnung über viele tausend Mark aus. Es hatte sich bei den Blumen um seltene Stücke gehandelt, die einen hohen Wert besaßen. Zu erkennen war dies von den Jugendlichen nicht. Der Gartenbesitzer hatte bei seinem Verbot nicht auf den großen Wert der Blumen hingewiesen. Er konnte deshalb nur einen Schadensersatz für solche Blumen verlangen, die sich üblicherweise in einem Garten befinden.

Von einer Minderung des Schadensersatzanspruches wird auch dann ausgegangen, wenn der Schädiger es unterlassen hat, den Schaden abzuwenden oder zu mindern (Schadensminderungspflicht). Im vorstehenden Beispiel läge ein solcher Fall dann vor, wenn einige der Blumen hätten noch gerettet werden können, wenn man sich sofort um sie gekümmert hätte, der Besitzer dies aber unterließ. § 254 BGB findet nicht nur bei solchen Ersatzansprüchen Anwendung, die sich aus dem BGB ergeben, sondern beispielsweise auch im Rahmen der Ansprüche nach dem StVG (vgl. dort § 9).

Um mit-„schuldig" an der eigenen Verletzung sein zu können, muss der Verletzte schuldfähig sein (vgl. dazu unter B.3.b – S. 27).

Ist jemand bei einem **Verkehrsunfall** verletzt worden, weil er sich als Fahrer oder Mitfahrer nicht **anschnallte**, so wird ihm in aller Regel ein Mitverschulden am Zustandekommen seiner Verletzungen angerechnet. Das gilt auch dann, wenn etwa ein Motorradfahrer oder ein Mitfahrer auf einem Motorrad der **Helmpflicht** nicht genügte.

5. Gesamtschuldnerische Haftung

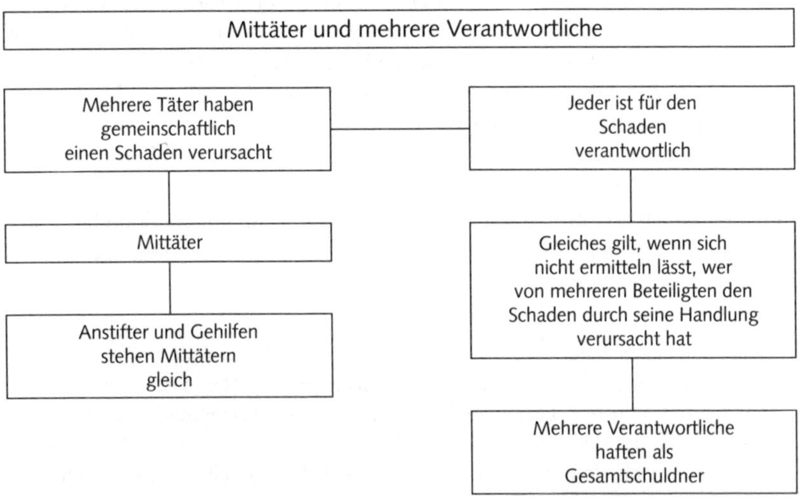

Besonders in Zusammenhang mit **Schlägereien** ist § 830 BGB von Bedeutung. Haben danach mehrere durch eine gemeinschaftlich begangene unerlaubte Handlung einen Schaden verursacht, so ist **jeder** für den Schaden verantwortlich. Das Gleiche gilt, wenn sich nicht ermitteln lässt, wer von mehreren Beteiligten den Schaden durch seine Handlung verursacht hat.

Als **Mittäter** in diesem Sinne werden auch Personen angegeben, die beispielsweise einen Jugendlichen zu einer schadensbringenden Tat anstiften. Dem Mittäter steht auch derjenige gleich, der dem Täter hilft, ihm z. B. eine Waffe besorgt hat, mit der dieser dann jemanden verletzt.

Haben z. B. **mehrere Jugendliche** einen einzelnen zusammengeschlagen und dadurch schwer verletzt, so haften alle als Gesamtschuldner (§ 840 BGB). Es ist nicht erforderlich, nachzuweisen, wer welchen Körperteil des Betreffenden verletzt hat, wer also bis zu welchem Umfang haftet.

Im Verhältnis zum Geschädigten ist jeder der Gesamtschuldner schadensersatzpflichtig und zwar für den gesamten Schaden (§ 421 BGB). Der Gläubiger, d. h. der Verletzte kann die Leistungen nach seinem Belieben von jedem der Schuldner ganz oder zu einem Teil fordern. Die Verpflichtung der anderen Schädiger im letzteren Falle, für den Rest aufzukommen, besteht weiterhin.

Haben beispielsweise zwei Jugendliche mit ihren Fahrrädern einen Fußgänger verletzt, kann dieser von beiden Jugendlichen die Schadenssumme fordern. Ist einer der Jugendlichen (evtl. noch über die Eltern) haftpflichtversichert, wird er sich sinnvollerweise an die Haftpflichtversicherung dieses Jugendlichen halten. Das Gleiche gilt, wenn eine Haftpflichtversicherung nicht besteht, der eine Jugendliche aber über Vermögen verfügt. Insbesondere bei größeren Schadenssummen wird ein Verletzter den kompetenteren (reicheren) Schädiger heraussuchen.

Der in Anspruch genommene Jugendliche kann nicht bezüglich eines Teils des Schadens auf den anderen Jungen, den Mittäter verweisen. **Er muss den gesamten Schaden ersetzen.** Der Verletzte kann allerdings auch nur einen Teil des Schadens von einem Schädiger fordern und den Rest vom anderen Schädiger. In der Praxis wird von Rechtsanwälten meist gleichzeitig gegen alle Schädiger vorgegangen, damit entweder jeder einen Anteil zahl oder einer der Täter nicht nur seinen Anteil begleicht, sondern gleichzeitig die Schulden der anderen mit übernimmt.

Die anderen Schuldner können Zahlungen an den Geschädigten ablehnen, wenn der Schaden beglichen wurde (§ 422 BGB).

Im Verhältnis der Schädiger untereinander, sind diese zum Ausgleich verpflichtet. Soweit nichts besonderes vorgeschrieben ist, tragen sie den Schaden zu gleichen Teilen. Ist also z. B. insgesamt ein Schaden von 1200 Euro entstanden und haften drei Personen für den entstandenen Schaden, haben dann, wenn einer von ihnen den gesamten Betrag beglichen hat, ihm die beiden anderen jeweils 400 Euro zu bezahlen.

Etwas „besonderes vorgeschrieben“ ist dann, wenn etwa ein Verein als Geschäftsherr für seinen Verrichtungsgehilfen, einen Jugendleiter haftet.

Haftet der Jugendleiter ebenfalls, nämlich aus eigenem Verschulden, so hat er im Innenverhältnis den Schaden allein zu tragen. Wurde der Schaden vom Verein ersetzt, so kann er vom Jugendleiter den vollen Betrag verlangen.

Ist der Schaden dadurch entstanden, dass beispielsweise der Jugendleiter als Aufsichtspflichtiger seine Aufsichtspflicht verletzt hat, hat der Jugendliche aber ebenfalls Schuld, so haftet er im Endergebnis allein. Es geht hier um Fälle, in denen beispielsweise Jugendliche unachtsam eine Straße überqueren und dabei jemand schädigen. Liegt gleichzeitig eine Aufsichtspflichtverletzung durch einen Jugendleiter vor, haften sie gemeinsam mit diesem bzw. dem Verein, für den der Jugendleiter tätig wurde. Die Geschädigten werden sich zunächst an den Zahlungskräftigeren, also den Verein halten. Dieser wird den Schadensersatzanspruch befriedigen und kann dann einen vollständigen Ausgleich von den schädigenden Jugendlichen verlangen.

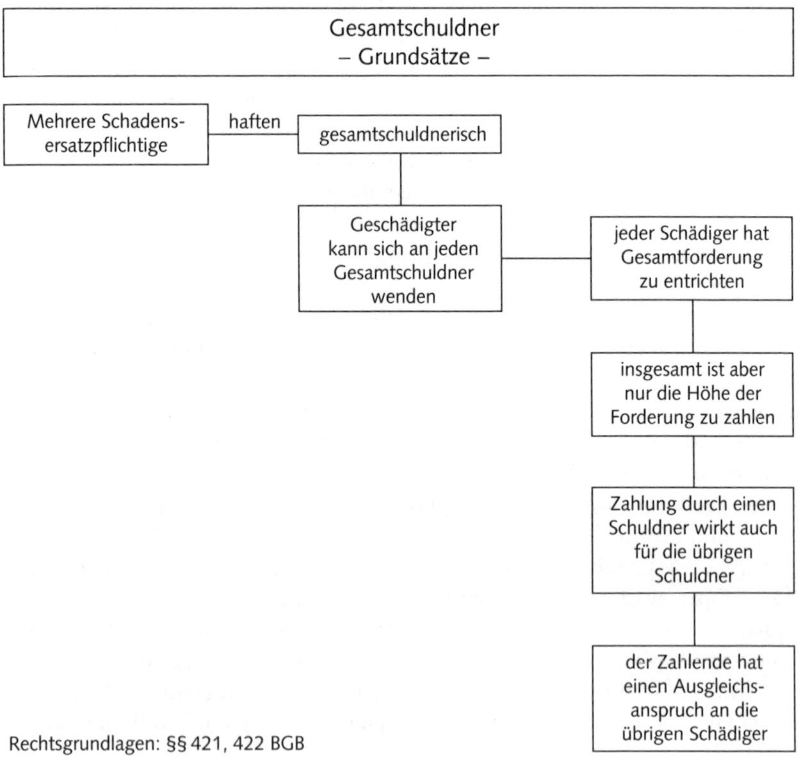

Rechtsgrundlagen: §§ 421, 422 BGB

Hat sich der Verein nach den obigen Ausführungen an den – ebenfalls haftenden – Jugendleiter gewandt und von diesem die Schadenssumme ersetzt bekommen, kann sich der Jugendleiter an den schuldigen Jugendlichen halten. Weder Verein noch Jugendleiter sind allerdings dazu verpflichtet, dies zu tun. Vielmehr wird zu prüfen sein, ob der Zweck der Jugendgruppe es nicht rechtfertigt, dass insbesondere der Verein die Kosten allein übernimmt.

Kann sich der Jugendleiter auf die Prinzipien der Haftungsfreistellung bei schadensgeneigter Arbeit berufen, kann der Verein von ihm den Ersatz der Schadenssumme nicht verlangen (vgl. unter C.3.b – S. 50 ff.).

Eine Haftung der Jugendlichen kommt aber im Übrigen nur dann in Frage, wenn sie schuldhaft gehandelt haben, d. h. überhaupt deliktsfähig sind. Auf die diesbezüglichen Ausführungen unter B.3.b – S. 27 ff. wird verwiesen.

Würde eine Haftung des zu Beaufsichtigenden nur aus der Billigkeitshaftung resultieren (§ 829 BGB – vgl. dazu die Ausführungen unter B.3.b – S. 30), so muss der Aufsichtspflichtige allerdings den Schaden alleine tragen.

6. Begrenzung der Schadenshöhe

Wie oben bereits ausgeführt können in Zusammenhang mit der Verletzung oder Tötung eines Menschen sehr hohe Kosten entstehen. Das BGB kennt keine Begrenzung nach oben. Richtet sich die Haftung allerdings allein nach dem Straßenverkehrsgesetz (StVG) (vgl. dazu unter B.3.e – S. 32 ff.), dann sind die in § 12 StVG vorgesehenen **Haftungshöchstgrenzen** zu beachten. Danach haftet der Ersatzpflichtige im Falle der Tötung oder Verletzung eines oder mehrerer Menschen bis zu einem **Kapitalbetrag** von insgesamt 5 Millionen Euro. Diese Beschränkung gilt jedoch nicht bei einer entgeltlichen Personenbeförderung für den ersatzpflichtigen Halter des Kraftfahrzeuges oder des Anhängers.

Im Falle einer **Sachbeschädigung** besteht eine Haftung aufgrund des § 12 StVG bis zu einem Betrag von 1 Million Euro. Das gilt auch dann, wenn durch dasselbe Ereignis mehrere Sachen beschädigt werden.

Es sei nochmals darauf hingewiesen, dass diese Haftungsgrenzen lediglich dann gelten, wenn Schadensersatzansprüche nur aufgrund der **Gefährdungshaftung** des StVG bestehen. Liegt gleichzeitig ein Verschulden vor, gilt die Haftung des BGB, die betragsmäßig nicht beschränkt ist. Das Gleiche gilt, wenn eine Ersatzpflicht wegen Aufsichtspflichtverletzung vorliegt.

7. Verjährung und Verwirkung

a) Verjährung

Tritt Verjährung ein, so bedeutet dies **nicht**, dass die betreffende Schadensersatzforderung untergegangen ist. Sie kann lediglich wegen Zeitablaufs nicht mehr realisiert werden. Allerdings ist zum Eintritt der Verjährung erforderlich, dass der Schuldner (Schadensersatzpflichtige) **die Einrede der Verjährung** erhebt.

Der Schuldner hat allerdings **kein Rückforderungsrecht**, wenn er den Einwand der Verjährung erhebt, nachdem er bezahlt hat.

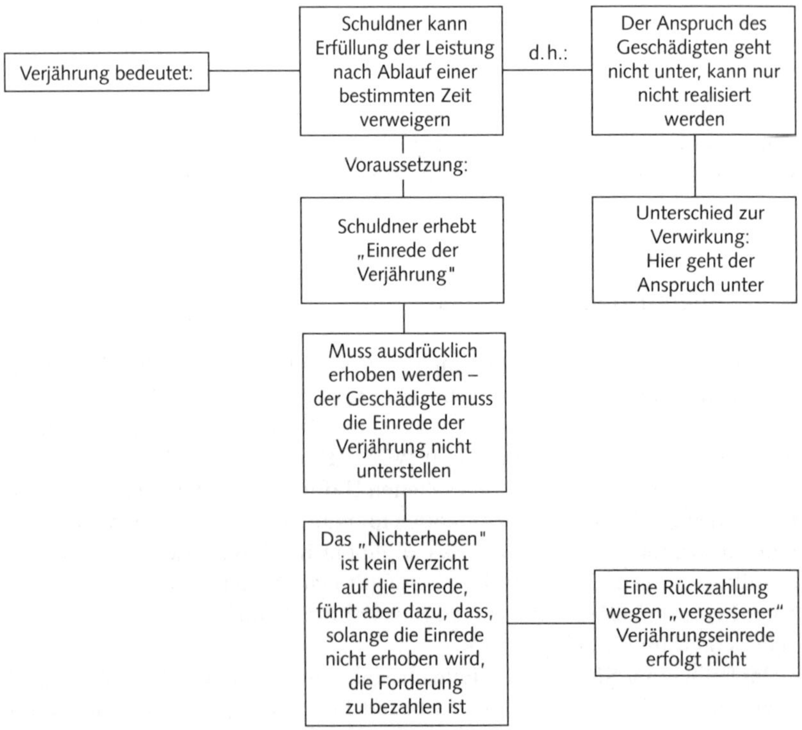

Der Anspruch auf Ersatz des aus einer unerlaubten Handlung entstandenen Schadens verjährt in drei Jahren. Die Verjährungsfrist beginnt mit dem Schluss des Jahres, in dem der Anspruch entstanden und fällig ist und in welchem der Verletzte von dem Schaden und der Person des Ersatzpflichtigen Kenntnis erlangt oder ohne grobe Fahrlässigkeit erlangen müsste

(§ 199 Abs. 1 Nr. 2 BGB). Ohne Rücksicht auf diese **Kenntnis** tritt die Verjährung in 30 Jahren, gerechnet von der Begehung der Handlung an, ein (§ 199 Abs. 2 BGB).

Die erforderliche Kenntnis von der Person des Ersatzpflichtigen ist gegeben, wenn der Geschädigte aufgrund der ihm bekannten Tatsachen gegen eine bestimmte Person Klage erheben kann. Dabei genügt in der Regel die Kenntnis der die Schadensersatzpflicht begründenden Tatsachen (Name und Anschrift des Schädigers, Schadenshergang), um die Verjährungsfrist beginnen zu lassen. Eine Ausnahme wird dann in Betracht kommen, wenn es auf verwickelte und zweifelhafte Rechtsfragen ankommt, vor allem, wenn die Frage, wer der Ersatzpflichtige ist, für alle Beteiligten unklar und zweifelhaft ist.

Für die Anmeldung von Ersatzansprüchen beim Schadensersatzpflichtigen gibt es für Ansprüche, die sich auf das BGB stützen, keine Ausschlussfrist oder dergleichen (von den vorstehend geschilderten Verjährungsregelungen abgesehen). Bestehen Ansprüche allein aufgrund der **Gefährdungshaftung** nach dem StVG müssen sie vom Ersatzberechtigten innerhalb zweier Monate, nachdem er von dem Schaden und der Person des Ersatzpflichtigen Kenntnis erhalten hat, dem Ersatzpflichtigen **angezeigt** werden **(Unfallanzeige)**. Sonst gelten die Ansprüche als **verwirkt**. Rechtsverluste entstehen dann nicht, wenn die Anzeige infolge eines von dem Ersatzberechtigten nicht zu vertretenden Umstand unterblieben ist (höhere Gewalt) oder der Ersatzpflichtige innerhalb der bezeichneten Frist auf andere Weise (z. B. durch seine Beteiligung am Unfall) von dem Unfall Kenntnis erhalten hat (§ 15 StVG).

b) Verwirkung

Ist ein Anspruch verwirkt, **besteht er nicht mehr**. Das Recht ist untergegangen. Verwirkung tritt dann ein, wenn es einen Verstoß gegen Treu und Glauben bedeuten würde, wenn der Gläubiger (z. B. der durch einen Schadensfall Verletzte) vom Schuldner (etwa einem Jugendleiter) Schadensersatz fordern würde (Umstandsmoment).

Ein Verstoß gegen Treu und Glauben in diesem Sinne liegt dann vor, wenn der Verletzte gegenüber dem eigentlich zum Ersatz Verpflichteten den Eindruck erweckte, er wolle auf den Schadensersatz verzichten. Weitere Voraussetzung ist, dass der Anspruch längere Zeit nicht geltend gemacht wurde (Zeitmoment). Allerdings sind an diese beiden Voraussetzungen strenge Anforderungen zu stellen.

Im Falle eines Prozesses muss der Schuldner nachweisen, dass er aus dem Verhalten des Gläubigers entnehmen musste bzw. entnehmen durfte und auch entnommen hat, dieser wolle den Anspruch nicht geltend machen.

Einen Verwirkungstatbestand eigener Art sieht § 15 StVG vor. Danach verliert der Geschädigte seine Rechte aus dem StVG, wenn er den Unfall nicht spätestens innerhalb zweier Monate nach Kenntnis von Schaden und Schädiger dem Ersatzpflichtigen anzeigt. Erlangt der zum Schadensersatz Verpflichtete auf andere Weise Kenntnis von dem Unfall als durch die Unfallanzeige des Ersatzberechtigten, so hat dies die Wirkung der Anzeige. Dies bedeutet, dass in einem solchen Fall der Einwand der Verwirkung nicht erhoben werden kann. § 15 StVG kommt nur begrenzte Bedeutung zu. Haftet der Schadensersatzpflichtige nämlich nicht nur nach den Gefährdungshaftungsbestimmungen des StVG, sondern auch aus eigenem Verschulden (§ 823 BGB), dann ist § 15 StVG nicht anwendbar.

D. Versicherungsmöglichkeiten

1. Grundsätze

Die Ausführungen, die sich mit Haftpflichtansprüchen beschäftigen (Abschnitte B. – S. 25 ff. und C. – S. 39 ff.) machen deutlich, dass die Tätigkeit des Jugendleiters mit hohen finanziellen Risiken für ihn und den Verein, für den er tätig wird, verbunden sein können. Jugendleiter und Verein sollten deshalb auf eine ausreichende versicherungsmäßige Absicherung achten. Das gilt aber nicht nur in Zusammenhang mit Haftpflichtansprüchen, sondern z. B. in Bezug auf Unfallschäden und auf Erkrankungen.

Der Jugendleiter muss sich im klaren sein, dass u. U. seine eigene Versicherung herangezogen wird, wenn nicht eine Versicherung durch den Verein abgeschlossen wird. Besteht eine solche (etwa in Form einer Gruppenversicherung), kann aber die Inanspruchnahme der Versicherung des Jugendleiters trotzdem erforderlich werden (als **Sekundärversicherung**). Dies ist dann der Fall, wenn die vom Verein abgeschlossene Versicherung nicht ausreicht, weil entweder die Schadensart von der Versicherung des Vereins nicht erfasst wird oder die **Schadenssumme** höher als die **Versicherungssumme** ist. Risiko und bereits vorhandene Versicherungen müssen also genau abgewogen werden. Erstreckt sich eine vom Verein abgeschlossene Versicherung beispielsweise nur auf Europa, muss eine Erweiterung des

Versicherungsschutzes vorgenommen werden, wenn eine Reise außerhalb Europas geplant wird.

2. Unfallversicherung

Bei einer Unfallversicherung geht es nicht darum, dass beispielsweise Schadensersatzansprüche anderer abgedeckt werden sollen. Vielmehr leistet eine Unfallversicherung gegenüber ihrem Versicherten, wenn dieser bei einem Unfall verletzt wird. Der Unfall als solcher stellt das versicherte Risiko dar.

Es sind hier die **gesetzliche und die private Unfallversicherung zu unterscheiden**.

a) Gesetzliche Unfallversicherung

Die **gesetzliche Unfallversicherung** wird in Zusammenhang mit den in dieser Broschüre behandelten Tatbeständen nur in seltenen Fällen eintrittspflichtig sein. Zu beachten ist aber, dass beispielsweise die in der **Wohlfahrtspflege** tätigen Personen (und zwar auch dann, wenn sie ehrenamtlich tätig werden) Unfallversicherungsschutz genießen (vgl. § 2 Abs. 1 Nr. 9 Sozialgesetzbuch – Siebtes Buch – SGB VII –). Wird jemand ehrenamtlich für eine Gemeinde tätig, steht er ebenfalls unter gesetzlichem Unfallversicherungsschutz (§ 2 Abs. 1 Nr. 10 SGB VII).

Leistet jemand bei einem Unglücksfall **Hilfe** oder versucht er einen anderen aus gegenwärtiger Lebensgefahr oder erheblicher gegenwärtiger Gefahr für Körper oder Gesundheit zu retten, so steht er unter dem gesetzlichen Unfallversicherungsschutz (§ 2 Abs. 1 Nr. 13 Buchst, a SGB VII).

Ein Unfallversicherungsschutz besteht auch für in Deutschland wohnende Personen, die bei Unglücksfällen oder gemeiner Gefahr oder Not Hilfe leisten oder einen anderen zu retten versuchen, wenn die entsprechende Handlung im **Ausland** vorgenommen wird (§ 2 Abs. 3 SGB VII).

In diesem Zusammenhang hat das Bundessozialgericht (BSG) mit Urteil vom 24. 3. 1998 (Az.: B 2 U 13/97 R; Die Leistungen der Kranken- und Pflegeversicherung 1999 – Beil. – S. 378) festgestellt, dass die Tätigkeit als Betreuer im Sommerlager einer Pfadfindergruppe nicht der Versicherungspflicht in der gesetzlichen Unfallversicherung unterliegt. Im vom **BSG** zu entscheidenden Fall ging es um eine Betreuerin, die bei einem Ausflug der

Pfadfindergruppe durch einen Fahrradunfall erheblich verletzt wurde. Das BSG war der Auffassung, dass die Betreuerin, die kein Ehrenamt bei der katholischen Kirche innehat, in Erfüllung mitgliedschaftlicher Vereinspflichten in ihrer Eigenschaft als Mitglied des Leitungsteams der Jugendgruppe teilgenommen hat.

Ein Unfall im Sinne der gesetzlichen Unfallversicherung liegt bei einem körperlich schädigenden Ereignis vor, das von außen auf den Körper einwirkt und in ursächlichem Zusammenhang mit der versicherten Tätigkeit bzw. Handlung steht. Auch der Weg zu oder vom Ort der ehrenamtlichen Tätigkeit stehen unter Versicherungsschutz.

Zuständigkeiten in der gesetzlichen Versicherung
Zuständig für die Gewährung von Entschädigungen im Falle der ehrenamtlichen Tätigkeit für eine Gemeinde ist der für diese Gemeinde maßgebliche Unfallversicherungsträger (bei Großstädten sind die Gemeinden meist selbst Unfallversicherungsträger). Wird ein Jugendleiter für die Wohlfahrtspflege tätig, ist die Berufsgenossenschaft für Gesundheitsdienst und Wohlfahrtspflege zuständig. Der für das jeweilige Bundesland maßgebliche Unfallversicherungsträger (Ausführungsbehörde für Unfallversicherung) ist auch für Unfälle zuständig, die sich bei Hilfe in einem Unglücksfall oder bei einem Lebensrettungsversuch ereignen.

Ansprüche auf Leistungen aus der gesetzlichen Versicherung
Ist ein gesetzlicher Unfallversicherungsträger leistungspflichtig, **so besteht Anspruch** auf unfallärztliche Behandlung, auf stationäre Versorgung, auf Arznei-, Heil- und Hilfsmittel und sogar auf eine Verdienstausfallentschädigung, die als Verletztengeld bezeichnet wird. Bei anhaltenden Unfallfolgen kann sogar Anspruch auf eine Rente (Verletztenrente) bestehen.

b) Private Unfallversicherung

Die vielfältigen Möglichkeiten, gerade bei Jugendfreizeiten und ähnlichen Unternehmungen einen Unfall zu erleiden, der nicht durch die gesetzliche Unfallversicherung abgedeckt wird, machen den Abschluss einer **privaten Unfallversicherung** notwendig. Insbesondere gilt dies, wenn Fahrten ins Ausland unternommen werden. Ratsam ist es, dass der Verein selbst eine entsprechende Versicherung abschließt. Hier besteht auch die Möglichkeit, **Gruppenversicherungen** abzuschließen.

Im Sinne der privaten Unfallversicherung liegt ein Unfall vor, wenn der Versicherte durch ein plötzlich von außen auf seinen Körper wirkendes Ereignis (Unfallereignis) unfreiwillig eine Gesundheitsschädigung erleidet.

Als Unfall gilt auch, wenn durch eine erhöhte Kraftanstrengung an Gliedmaßen oder Wirbelsäule

a) ein Gelenk verrenkt wird oder
b) Muskeln, Sehnen, Bänder oder Kapseln gezerrt oder zerrissen werden.

Ausgeschlossen vom Versicherungsschutz sind beispielsweise Unfälle durch Geistes- oder Bewusstseinsstörungen, auch soweit sie auf Trunkenheit beruhen.

Die jeweils vereinbarten Leistungsarten und die Höhe der Absicherung **(Versicherungssummen)** ergeben sich aus dem jeweiligen Vertrag. Bei Vereinbarung der Versicherungssummen sollten die hohen Kosten bedacht werden, die durch einen schweren Unfall entstehen können.

Führt der Unfall zu einer dauernden Beeinträchtigung der körperlichen oder geistigen Leistungsfähigkeit (Invalidität) des Versicherten, so entsteht Anspruch auf eine Kapitalleistung entsprechend der getroffenen Vereinbarungen. Hat der Versicherte bei Eintritt des Unfalles das 65. Lebensjahr vollendet, so wird die Leistung als Rente erbracht.

Die Höhe der Leistung richtet sich nach dem Grad der Invalidität.

Wird durch den Unfall die Arbeitsfähigkeit beeinträchtigt, so wird für die Dauer der ärztlichen Behandlung Tagegeld gezahlt (längstens für ein Jahr).

Bei stationärer Behandlung wegen des Unfalles besteht ein Anspruch auf **Krankenhaustagegeld**. Längstens ist dieser Anspruch für zwei Jahre gegeben. Im Anschluss daran besteht ein Anspruch auf Genesungsgeld. Bei Tod durch Unfall wird eine (vereinbarte) Summe an bezugsberechtigte Hinterbliebene ausbezahlt, sofern der Unfall innerhalb eines Jahres zum Tode führt.

Wichtig ist es, nach einem Unfall, der voraussichtlich eine Leistungspflicht herbeiführt, unverzüglich (also ohne schuldhaftes Zögern) einen Arzt hinzuzuziehen und die Versicherung zu unterrichten.

3. Haftpflichtversicherung

Gegen Haftpflichtansprüche gibt es einen gesetzlichen Versicherungsschutz nur in Zusammenhang mit **Kraftfahrzeugen**. Aber auch hier muss – wie in anderen Fällen – eine Versicherung mit einem privaten Haftpflichtversicherer abgeschlossen werden. Lediglich die Versicherungspflicht ist gesetzlich vorgeschrieben. Eine Kraftfahrzeughaftpflichtversicherung erstreckt sich aber nicht auf sonstige Schadensfälle, wie auch umgekehrt eine sog. allgemeine Haftpflichtversicherung Leistungen wegen eines Verkehrsunfalles nicht erbringt.

Sowohl für die Kraftfahrzeughaftpflichtversicherung als auch für die allgemeine Haftpflichtversicherung empfehlen sich hohe Versicherungssummen. Erforderlich ist es auch, das versicherte Risiko so weit wie möglich auszudehnen. Notwendig ist es, jeden nur möglichen Schadensfall zu erfassen, wobei die Besonderheiten der üblicherweise vorkommenden Unternehmungen zu beachten sind.

Für den Umfang der Leistung des Versicherers bilden die im Versicherungsschein angegebenen Versicherungssummen die Höchstgrenze bei jedem Schadensereignis. Das gilt auch dann, wenn sich der Versicherungsschutz auf mehrere entschädigungspflichtige Personen erstreckt.

Es kann vereinbart werden, dass sich der Versicherungsnehmer bei jedem Schadensereignis mit einem im Versicherungsschein festgelegten Betrag an einer Schadensersatzleistung **selbst beteiligt** (Eigenbeteiligung, auch als Selbstbeteiligung bezeichnet).

Bei Verkehrsunfällen wird der – verantwortliche – Jugendleiter zu prüfen haben, ob er die Versicherung in Anspruch nehmen will oder den Schaden aus eigener Tasche trägt, um etwa seinen **Schadensfreiheitsrabatt** nicht zu gefährden. In der Regel ist dies nur bei **geringen Schäden** möglich und empfiehlt sich meist nur bei Sachschäden. Bei Personenschäden muss – am besten durch ein ärztliches Zeugnis – Klarheit darüber hergestellt werden, dass nicht ein u.U sehr kostspieliger **Folgeschaden** auftritt.

Durch abgeschlossene Haftpflichtversicherungen werden die geschützten Personen, wie etwa die Jugendgruppenleiter eines Vereins selbstverständlich nicht von ihrer Sorgfaltspflicht befreit.

4. Krankenversicherung als Zusatzversicherung

Nach amtlichen Statistiken unterliegen über 90 % der Bevölkerung der Bundesrepublik Deutschland dem Schutz der gesetzlichen Krankenversicherung. Dabei ist es gleichgültig, ob sie einer gesetzlichen Krankenkasse als pflichtversicherter Arbeitnehmer, als freiwillig versicherter Selbstständiger, als Rentner oder Arbeitsloser angehören oder Versicherungsschutz als mitversicherter Familienangehöriger genießen. Der Versicherungsschutz erstreckt sich auf Krankheiten aller Art. Es ist unbedeutend, ob die Krankheit beispielsweise durch eine Infektion oder durch einen Unfall herbeigeführt wurde. Auch ist es unwichtig, bei welcher Gelegenheit sich ein solcher Unfall ereignet (wie etwa bei einer Freizeit). Bei Arbeitsunfällen (vgl. dazu unter D.2.a – S. 69 ff.) besteht allerdings allein kein Anspruch gegen die Krankenkasse.

Auch bei einer **Reise im Inland** besteht der Schutz der gesetzlichen Krankenversicherung. Die von einer Krankenkasse ausgestellte Gesundheitskarte (Chipkarte) gilt im gesamten Bundesgebiet.

Geschieht bei einer Jugendfreizeit ein Unfall und muss ein Kind oder ein Jugendlicher zu einem Arzt oder in ein Krankenhaus gebracht werden, so wird in den meisten Fällen ein Jugendleiter den Verunglückten begleiten oder ihn hinbringen. Gerade bei Kindern, die sich möglicherweise nicht richtig verständlich machen können, empfiehlt es sich, dass der Jugendleiter auf das Vorliegen eines Notfalles hinweist, damit dem Patienten bzw. seinen Eltern nicht zusätzliche Kosten in Rechnung gestellt werden.

Wenn zusätzliche Leistungen, wie Krankenhaustagegeld, Sonderleistungen im Krankenhaus o. Ä. bei einem Aufenthalt im Bundesgebiet gewünscht werden, empfiehlt sich der Abschluss einer Privatkrankenversicherung. Ein solcher empfiehlt sich natürlich auch dann, wenn in einem Einzelfall für einen Jugendlichen eine gesetzliche Krankenkasse nicht eintrittspflichtig ist.

Der Jugendleiter sollte darauf bestehen, dass die Jugendlichen **Krankenversichertenkarten (Gesundheitskarten) mitnehmen**. Empfehlenswert ist es, auf die Notwendigkeit der Mitnahme bereits bei der schriftlichen Vorabinformation und auf der Informationsveranstaltung für die Eltern hinzuweisen. Bei der Abreise sollte auch kontrolliert werden, ob an die Mitnahme gedacht worden ist. Der Jugendleiter spart dadurch sich und der Jugendgruppe viel Ärger.

Bei einer **Reise ins Ausland** gelten die normalen Krankenversichertenkarten nicht. Im Bereich des Europäischen Wirtschaftsraumes gilt die European Health Insurance Card (EHIC) – Europäische Versichertenkarte, die sich auf der Rückseite der Deutschen Chipkarten befindet. Die früheren deutschen Krankenversicherungskarten (Chipkarten) sind durch Elektronische Gesundheitskarten ersetzt worden, die ebenfalls die EHIC beinhalten. Für Behandlungen in Ländern innerhalb der Europäischen Gemeinschaften stellen die Krankenkassen besondere Anspruchsausweise aus. Merkblätter informieren darüber, wie der Erkrankte sich zu verhalten hat.

Die Mitgliedstaaten der **Europäischen Gemeinschaft** sind (außer Bundesrepublik Deutschland) Belgien, Bulgarien, Dänemark, Estland, Finnland, Frankreich, Griechenland, Großbritannien/Nordirland, Irland, Italien, Kroatien, Lettland, Luxemburg, Malta, Niederlande, Österreich, Polen, Portugal, Rumänien, Schweden, Slowakei, Slowenien, Spanien, Tschechien, Ungarn und Zypern (nur griechischer Teil). Die Schweiz ist mittels eines sog. Sektoralabkommens mit der EU verbunden. Die EG-Vorschriften über die soziale Sicherheit gelten durch das Abkommen über den Europäischen Wirtschaftsraum (EWR) auch für Island, Liechtenstein und Norwegen.

Mit anderen europäischen Ländern sind **Sozialversicherungsabkommen** abgeschlossen worden. Auch für diese Länder stellen die deutschen Krankenkassen für Reisewillige Anspruchsnachweise (sog. Auslandskrankenscheine) aus. Sozialversicherungsabkommen, die sich auf die Krankenversicherung beziehen, bestehen mit Bosnien-Herzegowina, dem sog. **Rest-Jugoslawien** (einschl. Kosovo), Marokko, Türkei, **Tunesien**.

Nicht in allen Staaten, mit denen Sozialversicherungsabkommen bestehen oder die der Europäischen Gemeinschaft angehören, werden die Anspruchsnachweise von sämtlichen Ärzten bzw. Krankenhäusern anerkannt. Oftmals muss der Reisende trotz vorhandenem Anspruchsnachweis seine Kosten selbst zahlen. Hier werden dann – nach Rückkehr in die Bundesrepublik – von den Krankenkassen in der Regel die Kosten erstattet, die im Inland angefallen wären, höchstens aber die verauslagten Beträge (Rechnungen ausstellen lassen!).

Es ist auch zu beachten, dass die Krankenversorgung im Ausland oftmals nicht deutschem Standard entspricht.

Die gesetzlichen Krankenkassen empfehlen aus den vorstehenden Gründen ihren Mitgliedern den Abschluss einer privaten Krankenversicherung. Das gilt auch für Reisen in **Nichtabkommensstaaten**, insbesondere also ins außereuropäische Ausland. Die gesetzlichen Krankenkassen selbst erstatten bei Erkrankung im Ausland meist die verauslagten Beträge, begrenzt allerdings durch die Kosten, die in der Bundesrepublik entstanden wären.

Bei Auslandsreisen sollte der Jugendleiter immer darauf **hinweisen**, dass es besser wäre, eine private Reisekrankenversicherung abzuschließen.

Ein solcher Abschluss kann auch durch den Verein für die Reiseteilnehmer erfolgen (evtl. gegen Erstattung der Prämien durch die Mitreisenden).

5. Überlegungen beim Abschluss einer Versicherung – Kombination einzelner Versicherungen

Soweit Jugendleiter oder Verein eine Versicherung abschließen, werden sie genau zu prüfen haben, welche Versicherungsgesellschaft die günstigste ist. Empfehlenswert ist es deshalb, sich Angebote von verschiedenen Versicherungsgesellschaften geben zu lassen. Zu prüfen ist sowohl das Leistungsangebot als auch die Höhe der zu zahlenden Prämien. Es wird allerdings eine kombinierte Kranken-, Unfall- und Haftpflichtversicherung angeboten, die mit dem „Deutschen Ring“ Krankenversicherungsverein und mit der „Zürich“ Versicherungs-Gesellschaft abgeschlossen wurden. Das Vertragswerk wird als **Jugendversicherungswerk** bezeichnet.

Es steht allen Organisationen zur Verfügung, die Jugendgruppen-Maßnahmen durchführen. Der Versicherungsschutz ist hergestellt, wenn spätestens einen Tag vor Reisebeginn das **Anmeldeformular** an den Deutschen Ring Krankenversicherungsverein a. G, Abteilung Kundenbetreuung – Reiseversicherung, 20449 Hamburg gesandt und die Prämie eingezahlt wird. Die Ausstellung eines Versicherungsscheines ist aus Gründen der Kostenersparnis nicht vorgesehen. Der „Beleg für den Auftraggeber/Einzahler-Quittung“ gilt als **Versicherungsbestätigung** und ist daher sorgfältig aufzubewahren.

Es werden folgende Versicherungen angeboten:
A = Reisekrankenversicherung mit Weltgeltung
B = Reiseunfallversicherung mit Weltgeltung
C = Reisehaftpflichtversicherung mit Weltgeltung
D = Rechtsschutzversicherung, Geltungsbereich ist weltweit, sofern der Gerichtsstand in Europa, den Mittelmeer-Randstaaten, Kanarische Inseln oder Madeira liegt.
E = Reisegepäckversicherung mit Weltgeltung

Versicherbar sind Personen bis zur Vollendung des 31. Lebensjahres, deren Jugendgruppenleiter und Aufsichtspersonen ohne Begrenzung des Alters.

Die Versicherungen A, B und C (Reise-Kranken-, Reise-Unfall- und Reise-Haftpflichtversicherungen) können **nur** in dieser Kombination abgeschlossen werden. Die Rechtsschutzversicherung ist **nur** zusammen mit der Versicherungskombination und **nur** für die gesamte Gruppe (nicht einzelne Personen daraus) abschließbar. Die Reise-Gepäckversicherung ist **nur** zusammen mit der Versicherungskombination abschließbar.

Die **Versicherungs-Prämie** beläuft sich – für die drei Versicherungen zusammen – bei einer Reisedauer von höchstens 42 Kalendertagen (6 Wochen) auf 0,32 Euro pro Tag und Person. Für längere Reisen (bis zu 365 Tagen) werden ab Beginn 0,90 Euro pro Tag und Person verlangt.

Bei der **Reisekrankenversicherung** (A) werden die **Heilbehandlungskosten** (z. B. die Kosten ärztlicher Behandlung) in tariflicher Höhe übernommen. Die Versicherung trägt beim erforderlichen Rücktransport eines Erkrankten die Mehrkosten, d. h. also den Unterschied zwischen den

„üblichen" Rückreisekosten und den Kosten, die beispielsweise durch einen Krankenwagen entstehen, bis zu 10500 Euro. Muss jemand von der Reisegruppe zurückbleiben bzw. zur Reisegruppe nachreisen, werden die Mehrkosten bis zu 80 Euro übernommen.

Die **Reiseunfallversicherung** (B) sieht z. B. ein Tagegeld für die Dauer der ärztlichen Behandlung vor. Im Invaliditätsfall wird eine Rente bezahlt.

Aus der **Reisehaftpflichtversicherung** (C) werden als Entschädigungsleistungen (Höchstbeträge) gewährt:

- Personenschäden je Ereignis: 1500000 Euro (je Person höchstens 1000000 Euro)
- Sachschäden: 1500000 Euro
- Vermögensschäden: 6000 Euro
- Mietsachschäden: 1000 Euro

Die **Rechtsschutzversicherung** (D) beinhaltet den Straf-Rechtsschutz, den Ordnungswidrigkeiten-Rechtsschutz und den Schadensersatz-Rechtsschutz. Die Deckungssumme beläuft sich auf bis zu 110000 Euro, für Strafkaution ist sie auf 30000 Euro beschränkt. Kein Rechtsschutz besteht als Eigentümer, Benutzer, Halter oder Fahrer von Motorfahrzeugen.

Bei der **Reisegepäckversicherung** (E) soll als Versicherungssumme der Wert des mitgeführten Reisegepäcks (aufgerundet auf volle 500 Euro) vereinbart werden. Die Mindestversicherungssumme beläuft sich auf 1000 Euro. Die höchste Versicherungssumme beträgt 5000 Euro. Ersetzt werden z. B. bei zerstörten oder abhandengekommenen Sachen der Versicherungswert bei Eintritt des Schadensereignisses. Sonderregelungen bestehen beispielsweise für Pelze und Schmucksachen.

Die **Rechtsschutzversicherung** (D) ist nur zusammen mit der Versicherungskombination (A, B, C) und nur für die gesamte Gruppe (nicht einzelne Personen daraus) abschließbar.

Die **Reisegepäckversicherung** (E) kann ebenfalls nur zusammen mit der Versicherungskombination (A, B, C) abgeschlossen werden.

Dauert eine Reise länger als einen Tag, gelten der Abreise- und der Ankunftstag als je ein zu versichernder Tag.

Beispiele:
10. 9. bis 15. 9. = 6 Tage
28. 3. bis 8. 4. = 12 Tage

Details dazu finden sich im Internet unter der Adresse: www.deutscherring-kranken.de/reiseversicherung/reisekrankenversicherung-jugendreisen.php. Hier kann die Versicherung auch online abgeschlossen werden.

Der durch das Jugendversicherungswerk angebotene Versicherungsschutz wird im Regelfall ausreichend sein. Allerdings kann es ratsam sein, beispielsweise eine **Reiserücktrittsversicherung** abzuschließen. Bei Prüfung dieser Frage wird es insbesondere auf die Zusammensetzung der Gruppe, aber auch auf ihre Größe ankommen.

Der Abschluss einer solchen Versicherung neben den vom Jugendversicherungswerk angebotenen Versicherungen ist absolut unproblematisch.

Bei einer Gepäckversicherung wird es oft vorkommen, dass die Eltern der Kinder bzw. Jugendlichen selbst solche Versicherungen abschließen. Dies muss natürlich überprüft werden, um Doppelversicherungen und damit unnötige Geldausgaben zu vermeiden.

E. Strafrechtliche Folgen einer Aufsichtspflichtverletzung

1. Grundsätze

In Zusammenhang mit der Jugendarbeit können nicht nur strafrechtliche Handlungen an Jugendliche vorgenommen werden. Vielmehr ist beispielsweise auch das Fehlverhalten im Straßenverkehr strafbar. Bestimmte Verstöße werden allerdings als Ordnungswidrigkeiten behandelt und mit Bußgeldern belegt.

Auch das Jugendschutzgesetz kennt zahlreiche Verstöße. Auf diese wird in Abschn. F 1. S. 89 ff. näher eingegangen.

2. Körperverletzungen

Wer einen anderen körperlich misshandelt oder an der Gesundheit schädigt, wird mit Freiheitsstrafe bis zu fünf Jahren oder mit Geldstafe bestraft (§ 223 StGB). Es muss hier nochmals erwähnt werden, dass dem Jugendgruppenleiter keinerlei Züchtigungsrecht gegenüber dem ihm anvertrauten Jugendlichen zusteht. Dies bedeutet, dass praktisch jede **körperliche Züchtigung** bereits eine Körperverletzung im Sinne des § 223 StGB darstellt.

Von besonderer Bedeutung für den Umgang mit Jugendlichen ist § 225 StGB. Es geht hier um die **Misshandlung von Schutzbefohlenen**. Angesprochen sind Straftäter, die Personen unter 18 Jahren oder wegen Gebrechlichkeit oder Krankheit Wehrlose, die ihrer Fürsorge oder Obhut unterstehen, quälen oder roh misshandeln. Bestraft wird auch, wer durch böswillige Vernachlässigung seiner Pflicht, für die betreffenden Personen zu sorgen, sie an der Gesundheit schädigt.

In besonders schweren Fällen von Verstößen gegen § 225 StGB ist die Strafe Freiheitsstrafe von sechs Monaten bis zu zehn Jahren, in minderschweren Fällen Freiheitsstrafe bis zu fünf Jahren.

Der Versuch ist strafbar.

Nach § 225 Abs. 3 StGB ist auf Freiheitsstrafe nicht unter einem Jahr zu erkennen, wenn der Täter die schutzbefohlene Person durch die Tat in die Gefahr des Todes oder einer schweren Gesundheitsschädigung oder einer erheblichen Schädigung der körperlichen oder seelischen Entwicklung bringt.

In minder schweren Fällen des § 225 Abs. 3 StGB ist auf Freiheitsstrafe von sechs Monaten bis zu fünf Jahren zu erkennen.

Strafbar ist also nicht nur das Tun, also das Quälen oder die rohe Misshandlung, sondern auch die Vernachlässigung der Pflicht, für die Schutzbefohlenen zu sorgen. Ein Jugendleiter, der sich etwa bei einer Reise **nicht mehr um die Jugendlichen kümmert,** sie ihrem Schicksal überlässt, kann sich sehr leicht einer Anklage im Sinne des § 225 StGB gegenübersehen. Zu beachten ist in einem solchen Fall auch § 221 StGB. Diese Vorschrift behandelt den Straftatbestand der **Aussetzung.** Strafbar ist danach, wer einen Menschen in eine hilflose Lage versetzt oder in einer hilflosen Lage im Stich lässt, obwohl er ihn in seiner Obhut hat oder ihm sonst beizustehen verpflichtet ist. Voraussetzung ist, dass dadurch der betreffende Mensch der Gefahr des Todes oder einer schweren Gesundheitsschädigung ausgesetzt wird. Bestraft wird mit Freiheitsstrafe von drei Monaten bis zu fünf Jahren. Auf Freiheitsstrafe von einem Jahr bis zu zehn Jahren ist zu erkennen, wenn der Täter die Tat gegen sein Kind oder eine Person begeht, die ihm zur Erziehung oder zur Betreuung in der Lebensführung anvertraut ist.

Das Gleiche gilt, wenn durch die Tat eine schwere Gesundheitsschädigung des Opfers verursacht wird. In minder schweren Fällen ist auf Freiheitsstrafe von sechs Monaten bis zu fünf Jahren zu erkennen. Verursacht der Täter in einem Falle des § 221 StGB durch die Tat den Tod des Opfers, so ist die Strafe Freiheitsstrafe nicht unter drei Jahren, in minder schweren Fällen von einem Jahr bis zu zehn Jahren.

Auf einen Jugendleiter wäre § 221 StGB z.B. auch dann anwendbar, wenn er bei einer Waldwanderung einen Jugendlichen oder gar ein Kind zurückließe oder sich mit dem Rest der Gruppe heimlich entfernte. Daran würde auch der Umstand nichts ändern, dass das Kind oder der Jugendliche vielleicht mehrfach als Störenfried aufgetreten ist. Es gibt keine Rechtfertigung zu einer Handlung, die von § 221 StGB erfasst wird.

Wer eine Körperverletzung mit **Einwilligung des Verletzten** vornimmt, handelt gem. § 228 StGB nur dann rechtswidrig, wenn die Tat trotz der Einwilligung gegen die guten Sitten verstößt. Die „Einwilligung" eines Minderjährigen wird die Voraussetzungen des § 228 StGB in der Regel nicht erfüllen.

Ist der Tod eines Menschen oder eine schwere Körperverletzung durch einen von **mehreren** unternommenen Angriff oder durch eine **Schlägerei** verursacht worden, so ist jeder, welcher sich an der Schlägerei oder dem Angriff beteiligt hat, schon wegen dieser Beteiligung mit Freiheitsstrafe bis zu drei Jahren oder mit Geldstrafe zu bestrafen. Das gilt lediglich dann nicht, wenn er ohne sein Verschulden in die Schlägerei oder den Angriff hineingezogen wurde (§ 231 StGB).

Glücklicherweise spielen Körperverletzungen der bisher behandelten Gruppen im Rahmen der Jugendarbeit keine allzugroße Rolle. Anders ist dies allerdings mit Fällen der in § 229 StGB genannten Art. Wer hiernach durch **Fahrlässigkeit die Körperverletzung eines anderen verursacht**, wird mit Freiheitsstrafe bis zu 3 Jahren oder mit Geldstrafe bestraft.

Der Begriff der Fahrlässigkeit im strafrechtlichen Sinne **ist nicht mit dem identisch, der zivilrechtlich maßgebend ist**. Strafrechtlich liegt Fahrlässigkeit dann vor, wenn der Täter die Sorgfalt, zu der er nach den Umständen und nach seinen persönlichen Kenntnissen und Fähigkeiten verpflichtet und imstande war, außer acht gelassen hat. Das ist z. B. dann gegeben, wenn er die Folgen, die er bei Anwendung pflichtgemäßer Sorgfalt hätte voraussehen können, nicht vorausgesehen hat. Hier wird von **unbewusster Fahrlässigkeit** gesprochen. Um bewusste Fahrlässigkeit handelt es sich, wenn der Täter den Eintritt der Folgen für möglich gehalten, aber darauf vertraut hatte, sie werden nicht eintreten.

Fahrlässigkeit ist nur strafbar, wenn das Gesetz dies ausdrücklich bestimmt, da die Straftatbestände im allgemeinen von vorsätzlichem Handeln ausgehen (§ 15 StGB). § 229 StGB ist sehr weitreichend. Schließlich werden hier Verletzungen bei Verkehrsunfällen genau so erfasst, wie etwa Verletzungen, die auf eine Vernachlässigung der Aufsichtspflicht zurückzuführen sind.

3. Sexualstrafrecht

a) Beihilfe durch Unterlassen und Vorschubleistung

Das Sexualstrafrecht kann in Zusammenhang mit der Tätigkeit des Jugendleiters in zweierlei Hinsicht von Bedeutung werden. Unter b) wird die mögliche Täterschaft des Jugendleiters behandelt. Die dort aufgezeigten strafbaren Handlungen können aber auch von einer Person verübt werden, die unter der Aufsicht des Jugendleiters steht. Letzterer würde hier bei Nichteingreifen eine schwere Aufsichtspflichtverletzung begehen. Außerdem könnte in Einzelfällen § 27 StGB zur Anwendung kommen. Danach wird als Gehilfe des Täters bestraft, wer vorsätzlich einem anderen zu dessen vorsätzlich begangener Tat Hilfe geleistet hat.

Die Strafe würde sich in einem solchen Falle nach der Strafdrohung für den Täter richten. Sie ist nach § 49 Abs. 1 StGB zu mildern (besondere gesetzliche **Milderungsgründe**, die zur Herabsetzung der jeweils angedrohten Freiheitsstrafe führen). Voraussetzung für die Strafbarkeit ist natürlich, dass der Jugendleiter die strafbare Handlung erkennt und es unterlässt, dagegen etwas zu unternehmen.

Die Förderung sexueller Handlungen Minderjähriger ist strafbar (§ 180 StGB).

Unter sexuellen Handlungen in diesem Sinne sind **geschlechtsbezogene Betätigungen** angesprochen. Allerdings sind nur solche Betätigungen strafrechtlich relevant, die von einiger Erheblichkeit sind (§ 184 c StGB). Es wird dabei zwischen solchen sexuellen Handlungen unterschieden, die **an** einem anderen vorgenommen werden, also die körperliche Berührung erfordern und solche Handlungen, die **vor** einem anderen vorgenommen werden. Dieser muss allerdings den Vorgang wahrnehmen, damit das Strafrecht greifen kann.

§ 180 StGB beschäftigt sich zunächst damit, dass jemand sexuellen Handlungen einer Person unter 16 Jahren Vorschub leistet. Es geht dabei um sexuelle Handlungen an oder vor einem Dritten sowie um sexuelle Handlungen eines Dritten an einer Person unter 16 Jahren.

Die Vorschubleistung muss entweder durch Vermittlung des Täters oder durch Gewähren oder Verschaffen von Gelegenheit erfolgen. Eine solche Tat wird mit Freiheitsstrafe bis zu drei Jahren oder mit Geldstrafe bestraft.

Wird Gelegenheit zu sexuellem Handeln verschafft oder gewährt, ist dies nicht strafbar, wenn der Sorgeberechtigte für den Minderjährigen handelt. Das gilt allerdings wieder nicht, wenn der Sorgeberechtigte durch das Vorschubleisten seine Erziehungspflichten gröblich verletzt.

Wie unter A (S. 11 ff.) erwähnt, kann ein Jugendleiter nicht Sorgeberechtigter in diesem Sinne sein. Dies sind nur Vater, Mutter, Vormund oder Pfleger. Ein Jugendleiter könnte sich also nicht darauf berufen, zu einer Vorschubleistung berechtigt zu sein. Da die Straffreiheit nur in den Fällen besteht, **in denen der Sorgeberechtigte persönlich handelt,** kann auch eine diesbezügliche Bevollmächtigung durch den Sorgeberechtigten nicht zur Straffreiheit führen.

Eine Förderung sexueller Handlungen liegt vor, wenn der Jugendleiter beispielsweise im Vereinsheim eine sog. „Knutschecke" für den angesprochenen Personenkreis einrichten würde. Es ist unmöglich, hier zu verhindern, dass es an einem solchen Ort zu sexuellen Handlungen kommt. Der Jugendleiter muss sich also auch in solchen Fällen bewusst sein, dass ihm die Jugendlichen von ihren Eltern anvertraut sind, er damit an der Stelle der Eltern steht. Schon deshalb sollte er hier nicht nachsichtig sein. Die Frage, ob eine sexuelle Handlung beispielsweise schon dann vorliegt, wenn eine Brust des Mädchens berührt wird, dieses aber einen Pullover anhat, sollte er deshalb mit „ja" beantworten. Bei einem Griff unter den Pullover gilt dies natürlich umso mehr.

Abschließend zu diesem Themenkreis folgendes Beispiel:

Ein Jugendleiter bereitet eine Freizeit mit einer Jugendgruppe vor. Geplant ist ein Zeltlager. Es handelt sich um eine gemischte Jugendgruppe. Er wird von zwei der Jugendlichen angesprochen: Es handelt sich dabei um einen 18jährigen und um ein Mädchen, das 15 Jahre alt ist. Sie erklären dem Jugendleiter, dass sie ein Liebespaar seien und gerne gemeinsam ein Zelt benutzen würden.

Ergebnis:
Der Jugendleiter darf auf keinen Fall der Benutzung eines gemeinsamen Zeltes zustimmen.

Begründung:
Würde der Jugendleiter der Benutzung eines gemeinsamen Zeltes zustimmen, so würde er zweifellos sexuelle Handlungen ermöglichen. Er darf sich auch nicht dadurch überreden lassen, dass ihm die beiden Jugendlichen versichern, es würde nicht dazu kommen. Auch darf ihn der Gedanke nicht überzeugen, dass es sicherlich schon vor dem Zeltlager zu sexuellen Handlungen zwischen den beiden Jugendlichen gekommen ist. Natürlich wird es sehr schwierig sein, solche Handlungen zu verhindern. Der Jugendleiter ist also z. B. nicht dazu verpflichtet, etwa vor dem Zelt des Mädchens nachts Wache zu stehen. § 180 StGB fordert ja nicht, dass ein Erwachsener unbedingt sexuelle Handlungen an oder durch

Jugendliche, die das sechzehnte Lebensjahr noch nicht vollendet haben, verhindern muss. Er darf sie nur nicht ermöglichen.

Der Jugendleiter muss hier zumindest versuchen, bei den jungen Menschen Verständnis für seine Handlung zu wecken. Er kann beispielsweise auch auf die **Nachahmungsgefahr** für andere Teilnehmer an der Jugendfreizeit, die möglicherweise noch jünger sind, hinweisen. Er sollte aber durchaus die möglichen strafrechtlichen Folgen für sich selbst darstellen, wenn er der gemeinsamen Zeltbenutzung zustimmen würde.

Der Jugendleiter sollte auch auf die Vorschrift des § 182 StGB hinweisen.

Hiernach macht sich eine Person **über achtzehn** Jahre strafbar, die eine Person, die das sechzehnte Lebensjahr noch nicht vollendet hat, missbraucht. **Missbrauch** in diesem Sinne liegt dann vor, wenn der Betreffende an der noch nicht 16 Jahre alten Person unter Ausnutzung einer Zwangslage oder gegen Entgelt sexuelle Handlungen vornimmt oder an sich von ihr vornehmen lässt. Um Missbrauch handelt es sich auch dann, wenn ein Volljähriger eine noch nicht sechzehnjährigen Person unter Ausnutzung einer Zwangslage dazu bestimmt, sexuelle Handlungen an einem Dritten vorzunehmen oder von einem Dritten an sich vornehmen zu lassen. Die Strafe ist in solchen Fällen Freiheitsstrafe bis zu fünf Jahren oder Geldstrafe.

Während die bisher behandelten Regelungen strafbare Handlungen unter Ausnutzung einer Zwangslage oder gegen Entgelt vorsehen, geht es in § 182 Abs. 2 StGB um Vornahme sexueller Handlungen an einer noch nicht sechzehnjährigen Person durch jemanden, der das **einundzwanzigste** Lebensjahr bereits vollendet hat. Hier reicht es zur Bestrafung aus, dass sexuelle Handlungen vorgenommen werden oder der Betreffende sich von dem noch nicht sechzehnjährigen sexuelle Handlungen vornehmen lässt. Das gilt auch, wenn der Minderjährige dazu bestimmt wurde, sexuelle Handlungen an einem Dritten vorzunehmen oder von einem Dritten an sich vornehmen zu lassen. In allen Fällen des § 182 Abs. 2 StGB muss dabei die fehlende Fähigkeit des Opfers zur sexuellen Selbstbestimmung ausgenutzt worden sein.

Die vorgesehene Strafe ist in Fällen des § 182 Abs. 2 StGB Freiheitsstrafe bis zu drei Jahren oder Geldstrafe. Die Tat wird in solchen Fällen aber nur auf Antrag verfolgt. Das gilt allerdings dann nicht, wenn die Strafverfolgungsbehörde wegen des besonderen öffentlichen Interesses an der Strafverfolgung ein Einschreiten von Amts wegen für geboten hält.

In allen Fällen des § 182 StGB kann das Gericht von Strafe absehen, wenn bei Berücksichtigung des Verhaltens der Person, gegen die sich die Tat richtet, das Unrecht der Tat gering ist.

Fraglich könnte sein, wie sich der Jugendleiter zu verhalten hat, wenn das Mädchen im oben geschilderten Beispiel das 16. Lebensjahr bereits vollendete. Strafbar wäre es hier nicht, wenn er beiden Jugendlichen gestatten würde, zusammen ein Zelt zu benutzen. Trotzdem sollte der Jugendleiter seine Zustimmung verweigern. Auch hier sollte der Jugendleiter im persönlichen Gespräch den beiden Jugendlichen erklären, dass in einer Gruppe ein solches Verhältnis leicht störend wirkt und auch zu nicht wünschenswerter Nachahmung führen würde. Wenn beide Freizeitteilnehmer volljährig sind, wird es allerdings sehr schwer möglich sein, sie zu überzeugen. Der Jugendleiter wird sich in diesen Fällen unter Berücksichtigung des Alters der übrigen Teilnehmer und der Zusammensetzung der Gruppe überhaupt fragen müssen, ob die beiden erwähnten Jugendlichen an der Freizeit teilnehmen sollten. Keine Einwendungen kann er natürlich dann erheben, wenn die beiden Teilnehmer miteinander verheiratet sind.

b) Eigene Täterschaft

Der Umgang mit Jugendlichen des anderen Geschlechts kann für Jugendleiter manche Anfechtungen mit sich bringen. Das StGB kennt verschiedene Strafbestimmungen, die sich mit Vergehen gegen die sexuelle Selbstbestimmung beschäftigen. Besonders bedeutsam ist hier § 174 StGB, der den **sexuellen Missbrauch von Schutzbefohlenen** unter Strafe stellt.

Schutzbefohlene sind solche Personen, die noch nicht 16 Jahre alt sind, und beispielsweise einem Lehrer zu Erziehung oder einem Jugendleiter zur Betreuung anvertraut sind.

Sowohl Lehrer als auch Erzieher machen sich strafbar, wenn sie sexuelle Handlungen an einem solchen Kind bzw. Jugendlichen vornehmen oder von diesem an sich vornehmen lassen. Schutzbefohlene sind auch Jugendliche unter 18 Jahre, an denen der Lehrer bzw. Jugendleiter unter Missbrauch einer mit dem Erziehungs- oder BetreuungsVerhältnis verbundenen Abhängigkeit sexuelle Handlungen vornimmt oder an sich vornehmen lässt.

§ 174 Abs. 1 StGB droht hier eine Freiheitsstrafe bis zu fünf Jahren oder eine Geldstrafe an. Eine Freiheitsstrafe bis zu drei Jahren oder eine Geldstrafe droht demjenigen, der sexuelle Handlungen vor dem Schutzbefohlenen vornimmt oder ihn dazu bestimmt, solche Handlungen an ihm vorzunehmen (§ 174 Abs. 2 StGB).

Sowohl im Falle des § 174 Abs. 1 als auch in denen des § 174 Abs. 2 StGB ist bereits der Versuch strafbar.

Das Gericht kann von einer Bestrafung absehen, wenn bei Berücksichtigung des Verhaltens des Schutzbefohlenen das Unrecht der Tat gering ist. Dies ist allerdings nur dann möglich, wenn die Tat nicht unter Missbrauch eines der oben aufgeführten Abhängigkeitsverhältnisse begangen wurde.

Unter Strafe gestellt ist auch der sexuelle Missbrauch von Gefangenen, behördlich Verwahrten oder Kranken und Hilfsbedürftigen in Einrichtungen (§ 174 a StGB). Das gilt auch für den sexuellen Missbrauch unter Ausnutzung einer Amtsstellung (§ 174b StGB), sowie den sexuellen Missbrauch unter Ausnutzung eines Beratungs-, Behandlungs- oder Betreuungs-Verhältnisses (§ 174c StGB).

Mit dem **sexuellen Missbrauch von Kindern** beschäftigt sich § 176 StGB. Als Kinder werden hier Personen unter 14 Jahren angesehen. Wer danach sexuelle Handlungen an einem Kind vornimmt oder an sich von dem Kind vornehmen lässt, wird mit einer Freiheitsstrafe von sechs Monaten bis zu zehn Jahren, in minder schweren Fällen mit einer Freiheitsstrafe bis zu fünf Jahren oder mit Geldstrafe bestraft.

Bestraft wird auch, wer ein Kind dazu bestimmt, dass es sexuelle Handlungen an einem Dritten vornimmt oder von einem Dritten an sich vornehmen lässt.

Mit Freiheitsstrafe bis zu drei Jahren oder mit Geldstrafe wird bestraft, wer

a) sexuelle Handlungen vor einem Kind vornimmt,
b) ein Kind dazu bestimmt, dass es sexuelle Handlungen vor ihm oder einem Dritten vornimmt, oder
c) auf ein Kind durch Vorzeigen pornographischer Abbildungen oder Darstellungen, durch Abspielen von Tonträgern pornographischen Inhalts oder durch entsprechende Reden einwirkt.

In Zusammenhang mit c) ist der Verbot des Verkaufes pornographischer Schriften an Kinder zu beachten (vgl. dazu die Ausführungen unter c) – S. 86ff.).

Der Versuch ist bereits strafbar. Das gilt aber nicht für Taten, die vorstehend unter c) aufgeführt sind.

Schwerer sexueller Missbrauch von Kindern wird nach § 176 a StGB mit Freiheitsstrafe nicht unter einem Jahr bestraft. Hier geht es beispielsweise darum, dass eine Person über achtzehn Jahre sexuelle Handlungen an einem Kind vornimmt. Mit Freiheitsstrafe nicht unter zwei Jahren wird bestraft, wer in den Fällen des § 176 StGB als Täter oder anderer Beteiligter in der Absicht handelt, die Tat zum Gegenstand einer pornographischen

Schrift zu machen. Wird dabei das Kind körperlich schwer misshandelt oder durch die Tat in die Gefahr des Todes gebracht, wird der Betreffende mit Freiheitsstrafe nicht unter fünf Jahren bestraft. Verursacht der Täter durch den sexuellen Missbrauch nach den §§ 176, 176 a StGB wenigstens leichtfertig den Tod des Kindes, so ist die Strafe lebenslange Freiheitsstrafe oder Freiheitsstrafe nicht unter zehn Jahren (§ 176 b StGB).

Mit **sexueller Nötigung** und mit **Vergewaltigung** beschäftigt sich § 177 StGB. Wer nämlich eine andere Person

a) mit Gewalt,
b) durch Drohung mit gegenwärtiger Gefahr für Leib und Leben oder
c) unter Ausnutzung einer Lage, in der das Opfer der Einwirkung des Täters schutzlos ausgeliefert ist,

nötigt, sexuelle Handlungen des Täters oder eines Dritten an sich zu dulden oder an dem Täter oder einem Dritten vorzunehmen, wird mit Freiheitsstrafe nicht unter einem Jahr bestraft. In besonders schweren Fällen ist die Strafe Freiheitsstrafe nicht unter zwei Jahren. Ein besonders schwerer Fall liegt bei einer Vergewaltigung oder dann vor, wenn die Tat von mehreren gemeinschaftlich begangen wird. Freiheitsstrafe nicht unter drei Jahren wird verhängt, wenn der Täter beispielsweise eine Waffe oder ein anderes gefährliches Werkzeug bei sich führt. Verwendet er einen solchen Gegenstand bei der Tat, wird Freiheitsstrafe nicht unter fünf Jahren verhängt. In minder schweren Fällen ist die Verhängung einer niederen Freiheitsstrafe vorgesehen. Verursacht der Täter durch die sexuelle Nötigung oder Vergewaltigung wenigstens leichtfertig den Tod des Opfers, so ist die Strafe lebenslange Freiheitsstrafe oder Freiheitsstrafe nicht unter zehn Jahren.

Sexueller Missbrauch Widerstandsunfähiger ist Gegenstand des § 179 StGB. Wer hiernach einen Widerstandsunfähigen dadurch missbraucht, dass er unter Ausnutzung der Widerstandsunfähigkeit sexuelle Handlungen an ihm vornimmt oder sich von dem Opfer vornehmen lässt, wird mit Freiheitsstrafe von sechs Monaten bis in zehn Jahren bestraft.

Widerstandsunfähig in diesem Sinne ist, wer

a) wegen einer geistigen oder seelischen Krankheit oder Behinderung einschließlich einer Suchtkrankheit oder wegen einer tiefgreifenden Bewusstseinsstörung oder
b) körperlich

zum Widerstand unfähig ist.

Es geht hier also beispielsweise um Personen, die so stark körperbehindert sind, dass sie sich nicht gegen sexuelle Handlungen anderer wehren können.

Es kann sich aber auch um Personen handeln, die so betrunken sind, dass sie sich nicht wehren können oder diesen Zustand durch Rauschgiftgenuss erreicht haben. Bereits der Versuch ist strafbar.

Wird die Tat z. B. durch Vollziehung des Beischlafs oder ähnlicher Handlungen begangen, so ist die Strafe Freiheitsstrafe von mindestens einem Jahr, in minder schweren Fällen Freiheitsstrafe von drei Monaten bis zu fünf Jahren.

c) Verbreitung jugendgefährdender Trägermedien

Die Strafbarkeit der Verbreitung pronographischer Schriften behandelt § 184 StGB. In diesem Zusammenhang sind zahlreiche Vorschriften des Jugendschutzgesetzes (JuSchG) vom 23. 7. 2002 zu beachten, die sich mit jugendgefährdenden Medien beschäftigen. Zu erwähnen ist insbesondere § 15 des Gesetzes. Danach dürfen Trägermedien, deren Aufnahme in der Liste jugendgefährdender Medien nach § 24 Abs. 3 Satz 1 JuSchG bekannt gemacht ist, z. B. nicht einem Kind oder einer jugendlichen Person angeboten, überlassen oder sonst zugänglich gemacht werden. Sie dürfen auch nicht an einem Ort, der Kindern und Jugendlichen zugänglich ist oder von ihnen eingesehen wird, ausgestellt, angeschlagen, vorgeführt oder sonst zugänglich gemacht werden.

Der Begriff der „Medien" ist umfassend zu verstehen. Neben Büchern, Heften und sonstige Schriften gehören z. B. CDs, DVDs usw. dazu (§ 1 Abs. 2 JuSchG).

Bezüglich der Begriffe Kind und Jugendlicher gelten die üblichen Vorschriften im JuSchG (vgl. dazu unter F 1 – S. 89 ff.).

Dies bedeutet, dass Kind ist, wer noch nicht 14, Jugendlicher, wer zwar 14, aber noch nicht 18 Jahre alt ist.

Wer ein jugendgefährdendes Trägermedium einem Kind oder Jugendlichen überlässt oder zugänglich macht, wird mit Freiheitsstrafe bis zu einem Jahr oder mit Geldstrafe bestraft (§ 17 Abs. 1 Nr. 1 JuSchG).

Die Verbote und Strafbestimmungen beziehen sich auf Medien, die in der Liste jugendgefährdender Medien erfasst sind (§ 18 JuSchG). Über eine Aufnahme in die Liste jugendgefährdender Medien und über Streichungen aus dieser Liste entscheidet die Bundesprüfstelle für jugendgefährdende Medien (§ 17 Abs. 2 JuSchG). In die Liste werden Träger und Telemedien aufgenommen, die geeignet sind, die Entwicklung von Kindern oder Jugendlichen oder ihrer Erziehung zu einer eigenverantwortlichen und gemeinschaftsfähigen Persönlichkeit zu gefährden. Dazu zählen vor allem unsittliche, verrohend wirkende, zu Gewalttätigkeiten, Verbrechen oder Rassenhass anreizende Medien. Das gilt auch für Medien, in denen Gewalthandlungen wie Mord- und Metzelszenen selbstzweckhaft und detailliert dargestellt werden. Das gleiche gilt, wenn Selbstjustiz als einzig bewährtes Mittel zur Durchsetzung der vermeintlichen Gerechtigkeit nahe gelegt wird.

Wichtig: Es wird nicht vorgeschrieben, dass die Überlassung oder das Zugänglichmachen gewerblich erfolgen muss. **Dies bedeutet, dass auch die – private – Überlassung von Schriften mit jugendgefährdendem Inhalt durch einen Jugendleiter strafbar ist.** Darüber hinaus kommt dem Jugendleiter zweifellos eine besondere Sorgfaltspflicht zu, da ihm die Aufsicht von den Eltern bzw. den sonst Erziehungsberechtigten übertragen worden ist. Dies bedeutet, dass er auch dann eine Verantwortung hat, wenn er jugendgefährdende Schriften bei einem ihm anvertrauten Kind oder Jugendlichen findet. Zum besseren Verständnis folgendes Beispiel:

Während eines Zeltlagers, an dem 12- bis 16-jährige Jugendliche teilnehmen, bringt einer der älteren Jugendlichen einen Stapel Pornohefte mit und verteilt sie an die anderen Teilnehmer. Der Jugendleiter bemerkt dies, unternimmt aber nichts dagegen.

Ergebnis:
Der Jugendleiter hätte die Hefte in Verwahrung nehmen müssen.

Begründung:
Der Jugendleiter handelt stellvertretend für die Eltern (vgl. dazu die Ausführungen unter A – S. 11 ff.). Er muss davon ausgehen, dass die Eltern bei Kindern und Jugendlichen, die die Altersgrenze des GjS nicht erreicht haben (18 Jahre), die Benutzung jugendgefährdender Schriften nicht dulden würden. Bei Pornoheften muss der Jugendleiter ohne nähere Prüfung davon ausgehen, dass sie zu den jugendgefährdenden Schriften gehören.
Bei der Wegnahme der Hefte sollte der Jugendleiter erzieherisch auf die Jugendlichen einwirken und ihnen erläutern, welche negative Auswirkungen auf ihre Entwicklung solche Schriften haben können.
Nicht zulässig ist es, dass der Jugendleiter die Hefte zerreißt oder sonst vernichtet. Dies würde den Tatbestand der Sachbeschädigung erfüllen. Richtig ist es, die Hefte einzubehalten und sie nach Ende der Freizeit den Eltern des betreffenden Jugendlichen zu übergeben.

In diesem Zusammenhang ist zu erwähnen, wie schädlich ein schlechtes Beispiel sein kann. Ein Jugendleiter, der den Jugendlichen jugendgefährdende Schriften wegnimmt, selbst aber solche heimlich oder offen ansieht, gibt sicherlich ein sehr schlechtes Beispiel.

§ 27 Abs. 4 JuSchG bestimmt, dass ein Überlassen von (z.B.) jugendgefährdenden Schriften an Kinder oder Jugendliche dann nicht strafbar ist, wenn der zur Sorge für den Jugendlichen Berechtigte die Schrift anbietet, überlässt oder zugänglich macht und damit seine Erziehungspflicht gröblich verletzt. Insoweit steht das Sorgerecht den Eltern alleine zu und wird auch nicht auf den Jugendleiter übertragen.

In Zusammenhang mit pornographischen Schriften sehen sich Jugendleiter manchmal vor die Frage gestellt, ob sie **Altpapiersammlungen** mit ihren Jugendgruppen durchführen können oder nicht. Die Praxis zeigt, dass bei solchen Sammlungen sehr viele Schriften, die unter dem Begriff der Pornographie fallen, zum Altpapier gegeben werden. Da die Jugendlichen bzw. Kinder das Papier in der Regel aufheben und auf einen Lastwagen oder dergleichen legen, kommen sie zwangsläufig mit den pornographischen Schriften in Berührung. In der Praxis landen viele solcher Hefte nicht auf dem dafür bestimmten Wagen, sondern unter der Jacke eines Jugendlichen.

Zweifellos kommt dem Verantwortlichen an einer solchen Sammlung die Aufgabe zu, das geschilderte Vorgehen zu verhindern. Die Gefahr, dass sich unter dem Altpapier pornographische Schriften, evtl. sogar solche, die von § 184 Abs. 3 StGB (Medien, die Gewalttätigkeit oder z.B. den sexuellen Missbrauch von Kindern zum Gegenstand haben) erfasst werden, befinden, sollte aber nicht dazu führen, von Altpapiersammlungen abzusehen. Wichtig ist, dass der Jugendleiter hier voll seiner **Aufsichtspflicht** nachkommt. Er muss vor allem dafür sorgen, dass eine genügende Anzahl von Aufsichtspersonen vorhanden ist (gemessen an der Zahl der Jugendlichen, die an der Sammlung teilnehmen). In einer Vorbesprechung zur Sammlung sollte darauf hingewiesen werden, dass es untersagt ist, solche Schriften an sich zu bringen. Während der Sammlung haben die Aufsichtspersonen darauf zu achten, dass sich die Jugendlichen an dieses Verbot halten. Allerdings kann eine „100%ige Aufsicht" nicht verlangt werden. Niemand kann von einem Jugendleiter verlangen, dass er praktisch hinter jedem Jugendlichen steht und aufpasst, ob nicht doch einzelne Schriften „unterschlagen" werden.

Anzusprechen ist schließlich auch noch § 183 StGB, der sich mit der **Gewaltdarstellung** und der **Aufstachelung zum Rassenhass** beschäftigt. Erfasst werden Medien (einschl. Bildträger, Abbildungen usw.), die zum Rassenhass aufstacheln oder die grausame oder sonst unmenschliche Gewalttätigkeiten gegen Menschen in einer Art schildern, die eine Verherrlichung oder Verharmlosung solcher Gewalttätigkeiten ausdrückt oder die das Grausame oder Unmenschliche des Vorgangs in einer die Menschenwürde verletzenden Weise darstellen (z.B. Horror-Videos). Wer solche Medien beispielsweise verbreitet, vorführt, einer Person unter 18 Jahren anbietet oder sie herstellt usw. wird mit Freiheitsstrafe bis zu einem Jahr oder mit Geldstrafe bestraft.

F. Jugendschutz

1. Jugendschutzgesetz

a) Grundsätze

Das wichtigste Gesetz in Zusammenhang mit dem Jugendschutz ist zweifellos das Jugendschutzgesetz (JuSchG) vom 23.7.2003, das zwischenzeitlich aber mehrfach geändert worden ist.

Den früher verwandten Begriff des Erziehungsberechtigten gibt es im JuSchG nicht mehr. Vielmehr wird hier zwischen der personensorgeberechtigten Person (§ 1 Abs. 1 Nr. 3 JuSchG) und der erziehungsbeauftragten Person (§ 1 Abs. 1 Nr. 4 JuSchG) unterschieden.

Personensorgeberechtigt ist eine Person, der allein oder gemeinsam mit einer anderen Person nach den Vorschriften des BGB die Personensorge zusteht. Erziehungsbeauftragt ist jede Person über 18 Jahren, soweit sie auf Dauer oder zeitweise aufgrund einer Vereinbarung mit der personensorgeberechtigten Person Erziehungsaufgaben wahrnimmt. Das gleiche gilt, soweit ein Kind oder eine jugendliche Person im Rahmen der Ausbildung oder der Jugendhilfe betreut wird.

Soweit es nach dem JuSchG auf die Begleitung durch eine erziehungsbeauftragte Person ankommt, haben die betreffenden Personen ihre Berechtigung auf Verlangen darzulegen (§ 2 Abs. 1 JuSchG). Veranstalter und Gewerbetreibende haben in Zweifelsfällen die Berechtigung zu überprüfen.

Personensorgeberechtigt im obigen Sinne ist ein Elternteil. Erziehungsbeauftragter kann auch ein Jugendleiter sein. Die Vorlage der oben angesprochenen Berechtigung kann durch den Ausweis als Jugendleiter geschehen.

Bestehen Zweifel daran, dass eine Beauftragung im vorstehenden Sinne vorliegt, dürfen die für die Wahrung des Jugendschutzes verantwortlichen Veranstalter und Gewerbetreibenden von einer wirksamen Erziehungsbeauftragung im Sinne des Gesetzes nicht einfach ausgehen (vgl. Broschüre des Bundesministeriums für Familie, Senioren, Frauen und Jugend: Jugendschutzgesetz und Jugendmedienschutz-Staatsvertrag der Länder, 6. Auflage, Stand: November 2012). Sie haben nach der verwaltungsgerichtlichen Rechtsprechung alle ihnen zumutbaren Anstrengungen zu unternehmen, um das Vorliegen einer wirksamen Vereinbarung des Erziehungsauftrags zu überprüfen.

Für das Vorliegen eines „Zweifelsfalles" kommt es auf das äußere Erscheinungsbild der minderjährigen Person an. Dabei stellt die Rechtsprechung in erster Linie auf körperliche Merkmale, wie z. B. kindliche Gesichtszüge, ab. Unerheblich ist demgegenüber die Kleidung wie etwa das Tragen einer Lederjacke.

Praktische Schwierigkeiten der sog. Zweifelsfall-Alterskontrolle können sich auch bei Internetangeboten ergeben, wie z. B. Online-Alkohol- oder Tabakversand auf Bestellung, sowie öffentliche Gewinnspiele. Finden hier Jugendschutzbeschränkungen Anwendung, so muss der Anbieter dennoch durch technische oder organisatorische Maßnahmen entweder das Vorliegen eines Zweifelfalls ausschließen oder Alterskontrollen bei den Internetnutzern durchführen.

Dieses Gesetz beschäftigt sich insbesondere mit
- dem Aufenthalt von Kindern und Jugendlichen an Orten, an denen sie gefährdet sind
- Aufenthalt in Gaststätten
- Alkohol
- Rauchen
- Teilnahme an Tanzveranstaltungen
- Teilnahme an Filmveranstaltungen sowie
- Anwesenheit in Spielhallen und ähnlichen Räumen.

Verstöße gegen das JuSchG werden als Ordnungswidrigkeiten mit Geldbußen geahndet. In bestimmten Fällen können aber auch Freiheitsstrafen oder Geldstrafen verhängt werden.

Kind im Sinne des JuSchG ist, wer noch nicht 14,
Jugendlicher, wer 14, aber noch nicht 18 Jahre alt ist.

Soweit Altersgrenzen zu beachten sind, haben Kinder und Jugendliche ihr Lebensalter auf Verlangen in geeigneter Weise nachzuweisen (Personalausweis, Kinderausweis, Schülerausweis, Reisepass). Veranstalter und Gewerbetreibende haben in Zweifelsfällen das Lebensalter zu überprüfen.

Die §§ 2 bis 14 JuSchG gelten nicht für **verheiratete** Jugendliche.

b) Aufenthalt an bestimmten Orten

Halten sich Kinder oder Jugendliche an Orten auf, an denen ihnen eine unmittelbare Gefahr für ihr körperliches, geistiges oder seelisches Wohl droht, so haben die zuständigen Behörden oder Stellen (Polizei, Jugendamt) die zur Abwendung der Gefahr erforderlichen Maßnahmen zu treffen (§ 8 JuSchG).

Wenn nötig, haben sie die Kinder oder Jugendlichen
a) zum Verlassen des Ortes anzuhalten,
b) zu einem Erziehungsberechtigten zu bringen, oder wenn kein Erziehungsberechtigter erreichbar ist, in die Obhut des Jugendamtes zu bringen.

In schwierigen Fällen haben die zuständigen Behörden oder Stellen das Jugendamt über den jugendgefährdenden Ort zu unterrichten.

Hier geht es um einen oder mehrere konkrete junge Menschen, denen aufgrund der jeweils angetroffenen Umstände Gefahr droht, nicht um die Abwendung eines abstrakten Gefährdungstatbestandes. In diesem Falle ist nicht entscheidend, ob der Ort, an dem die unmittelbare Gefahr droht, öffentlich zugänglich ist oder nicht.

Die Inobhutnahme durch das Jugendamt ist immer dann, aber nicht nur dann angebracht, wenn die Erziehungsberechtigten nicht erreichbar sind und eine Unterbringung notwendig ist. In der Broschüre des Bundesministeriums für Familie, Senioren, Frauen und Jugend (6. Auflage, Stand: November 2012) über das Jugendschutzgesetz wird die Auffassung vertreten, dass für die evtl. auch zur Nachtzeit notwendig werdende Unterbringung jedes Jugendamt einen Bereitschaftsdienst einrichten sollte. Außerdem soll eine Liste der für die Unterbringung geeigneten Möglichkeiten verfügbar sein.

Jugendleitern kommt hier eine besondere Verantwortung zu, wenn sie mit den ihnen anvertrauten Kindern oder Jugendlichen in die Nähe solcher Orte kommen. Als gefährdender Ort kann beispielsweise ein Campingplatz angesehen werden, auf dem sich betrunkene oder randalierende Personen aufhalten. Da der Jugendleiter alles zu tun hat, um eine Gefährdung der ihm anvertrauten Kinder und Jugendlichen zu verhindern, muss er solche Plätze meiden oder sie mit den Jugendlichen bzw. Kindern verlassen, sobald er die Gefährdung erkennt.

c) Aufenthalt in Gaststätten

Der Aufenthalt in Gaststätten darf Kindern und Jugendlichen **unter 16 Jahren** nur gestattet werden, wenn ein Personenvorsorgeberechtigter oder eine erziehungsbeauftragte Person sie begleitet (§ 4 JuSchG). Dies gilt nicht, wenn Kinder oder Jugendliche

a) an einer Veranstaltung eines anerkannten Trägers der Jugendhilfe teilnehmen,
b) sich auf Reisen befinden (unter „Reise" ist auch die Fahrt einer Jugendgruppe zu verstehen) oder
c) in der Zeit zwischen 5 und 23 Uhr eine Mahlzeit oder ein Getränk einnehmen.

Jugendlichen ab 16 Jahren ist der Aufenthalt in Gaststätten ohne Begleitung eines Personensorgeberechtigten oder eines Erziehungsbeauftragten bis 24 Uhr gestattet. Von den zuständigen Behörden dürfen Ausnahmen von den vorstehenden Regelungen genehmigt werden. Der Aufenthalt in Gaststätten, die als **Nachtbar oder Nachtclub** geführt werden, und in vergleichbaren Vergnügungsbetrieben darf Kindern und Jugendlichen nicht gestattet werden.

Keine Gaststätten im Sinne des JuSchG sind beispielsweise

- Milchbar
- Stehcafés
- Bäckereien und Metzgereien mit Stehtischen zum Verzehr der dort angebotenen Speisen.

Sonstige Einrichtungen, die nicht gewerblich, also beispielsweise nicht mit der Absicht der Gewinnerzielung, geführt werden, sind keine Gaststätten.

Dagegen sind Internetcafés Gaststättenbetriebe im Sinne des JuSchG.

d) Abgabe von Alkohol

§ 9 JuSchG beschäftigt sich mit der Abgabe von Alkohol an Kinder und Jugendliche. So wird bestimmt, dass in Gaststätten, Verkaufsstellen oder sonst in der Öffentlichkeit **Branntwein, branntweinhaltige Getränke oder Lebensmittel, die Branntwein in nicht nur geringfügiger Menge (z. B. Pralinen) enthalten**, an Kinder oder Jugendliche weder abgegeben noch ihnen der Verzehr gestattet werden darf. Daran ändert der Umstand nichts, dass sich die Kinder und Jugendlichen nach den unter c) behandelten Grundsätzen zu Recht in der betreffenden Gaststätte aufhalten.

Andere alkoholische Getränke als Branntwein usw., also, z.B. Wein, Bier, Sekt dürfen an Kinder und Jugendliche **unter 16 Jahren** weder abgegeben noch darf ihnen der Verzehr gestattet werden. Das gilt allerdings nicht, wenn Jugendliche beispielsweise von ihren Eltern begleitet werden.

In Zusammenhang mit Alkohol sollten Jugendleiter besonders vorsichtig vorgehen. Welche Probleme es hier geben kann, zeigt das nachfolgende Beispiel:

Die Schnapsflasche

Ein Jugendleiter veranstaltet mit mehreren Jugendlichen ein Zeltlager. Alter der Teilnehmer 12 bis 16 Jahre. Eines Abends bringt ein älterer Junge eine Schnapsflasche an. Im Beisein des Leiters wird diese Schnapsflasche von allen Jugendlichen geleert.

Ergebnis:
Der Jugendleiter hätte die Schnapsflasche in Verwahrung nehmen müssen.

Begründung:
Der Jugendleiter handelt stellvertretend für die Eltern (vgl. dazu unter A – S. 11 ff.). Er muss davon ausgehen, dass die Eltern bei Kindern bzw. Jugendlichen, die die Altersgrenzen des Jugendschutzrechts für den Alkoholgenuss nicht erreicht haben, einen solchen auch nicht außerhalb einer Gaststätte dulden würden. Davon muss der Jugendleiter auch dann ausgehen, wenn ihm einzelne Jugendliche etwa erklären, die Eltern würden den Alkoholgenuss gestatten oder er vielleicht sogar aus eigener Anschauung weiß, dass die Eltern dies tun. **Es geht ja hier auch darum, anderen Teilnehmern der Jugendgruppe kein schlechtes Beispiel zu geben.**

Es wäre übrigens als Sachbeschädigung anzusehen, wenn der Jugendleiter die betreffende Flasche etwa vernichten würden. Richtig verhält sich der Jugendleiter dann, **wenn er sie in Verwahrung nimmt und nach der Freizeit den Eltern des betreffenden Jugendlichen übergibt.**

Falsch wäre es dagegen, wenn er die Flasche dem Jugendlichen (nach der Freizeit) selbst wieder übergeben würde.

Der Jugendleiter würde den Jugendlichen übrigens dann ein schlechtes Beispiel geben, wenn er ihnen zwar den Alkoholgenuss untersagen würde, aber selbst entweder heimlich oder offen Alkohol zu sich nehmen würde.

Im Zusammenhang mit Alkohol hat das OLG Hamm am 21.12.1995 (Az.: 6 U 78/95; VersR 1996 S. 1513) ein interessantes Urteil gefällt. Danach muss ein Sportverein seine jugendlichen Mitglieder, die er für die Dauer eines auswärtigen Turniers in einer Gemeinschaftsunterkunft untergebracht hat, durch ausreichende Beaufsichtigung davor schützen, dass sie sich und andere durch Alkoholmissbrauch gefährden. Dabei reicht ein mündliches Alkoholverbot nicht aus. Das OLG Hamm verlangte vielmehr in seinem Urteil, dass die Einhaltung des Alkoholverbotes durch einen Betreuer kontrolliert werden muss. Dieser muss auch nachts anwesend sein. Das gilt jedenfalls dann, wenn die Eltern aufgrund einer bisherigen Übung oder einer entsprechenden Zusage auf eine umfassende Betreuung vertrauen durften.

§ 9 Abs. 3 JuSchG bestimmt in diesem Zusammenhang, dass in der Öffentlichkeit alkoholische Getränke nicht in Automaten angeboten werden dürfen. Das gilt lediglich dann nicht, wenn ein Automat an einem für Kinder und Jugendlichen unzugänglichen Ort aufgestellt ist sowie bei Aufstellung in einem gewerblich genutzten Raum. Im letzten Fall muss durch technische Vorrichtungen oder durch ständige Aufsicht sichergestellt sein, dass Kinder und Jugendliche alkoholische Getränke nicht entnehmen können.

In Zusammenhang mit Alkopops bestimmt § 9 Abs. 4 JuSchG, dass alkoholhaltige Süßgetränke gewerbsmäßig nur mit dem Hinweis „Abgabe an Personen unter 18 Jahren verboten, § 9 Jugendschutzgesetz“ in den Verkehr gebracht werden dürfen.

e) Tabakgenuss

Kindern und Jugendlichen darf Tabakgenuss in der Öffentlichkeit nicht gestattet werden (§ 10 Abs. 1 JuSchG). Auch hier sollte der Jugendleiter mit gutem Beispiel vorangehen. Im Übrigen ist es – z. B. im Rahmen einer Freizeit – oftmals schwierig, einer bestimmten Gruppe von Jugendlichen (den Jüngeren) den Tabakgenuss zu verweigern, ihn aber älteren Teilnehmern zu gestatten. Hier sollte an die Kameradschaft und den Gemeinsinn aller Teilnehmer mit dem Ziel appelliert werden, dass alle Jugendlichen nicht rauchen.

In diesem Zusammenhang bestimmt § 10 Abs. 2 JuSchG, dass in der Öffentlichkeit Tabakwaren nicht in Automaten angeboten werden dürfen. Das gilt allerdings nicht, wenn ein Automat an einem Kinder und Jugendlichen unzugänglichen Ort aufgestellt ist. Es gilt ferner nicht, wenn durch technische Vorrichtungen oder durch ständige Aufsicht sichergestellt ist, dass Kinder und Jugendliche Tabakwaren nicht entnehmen können.

Zu den Tabakwaren im vorstehenden Sinne gehören auch der Kau- und Schnupftabak.

f) Teilnahme an Tanzveranstaltungen

Die Anwesenheit bei öffentlichen Tanzveranstaltungen ohne Begleitung eines Erziehungsberechtigten darf Kindern und Jugendlichen **unter 16 Jahren** nicht gestattet werden. (§ 5 JuSchG). Jugendlichen **ab 16 Jahren** darf die Teilnahme längstens bis 24 Uhr erlaubt werden.

Wird die Tanzveranstaltung von einem anerkannten Träger der Jugendhilfe durchgeführt oder dient sie der künstlerischen Betätigung oder der Brauchtumspflege, dann darf die Anwesenheit **Kindern bis 22 Uhr** und Jugendlichen unter **16 Jahren bis 24 Uhr** gestattet werden. Im Übrigen können Ausnahmen vom Teilnahmeverbot auf Vorschlag des Jugendamtes zugelassen werden.

g) Teilnahme an Filmveranstaltungen

Mit der Teilnahme von Kindern und Jugendlichen an öffentlichen Filmveranstaltungen beschäftigt sich § 11 JuSchG.

Zunächst wird hier bestimmt, dass die Anwesenheit bei öffentlichen Filmveranstaltungen Kindern und Jugendlichen nur gestattet werden darf, wenn die Filme von der obersten Landesbehörde oder einer Organisation der freiwilligen Selbstkontrolle zur Vorführung vor ihnen freigegeben worden sind. **Kindern unter 6 Jahren** darf die Anwesenheit nur gestattet werden, wenn sie von einer personensorgeberechtigten oder erziehungsbeauftragten Person begleitet sind.

Filme, die geeignet sind, das körperliche, geistige oder seelische Wohl von Kindern und Jugendlichen zu beeinträchtigen, dürfen nicht zur Vorführung vor ihnen freigegeben werden.

Die Filme werden von der obersten Landesbehörde oder einer Organisation der freiwilligen Selbstkontrolle entsprechend ihrer Zulassung für die einzelnen Altersgruppen gekennzeichnet. Das gilt übrigens auch für bespielte Videokassetten und vergleichbare Bildträger.

Als Kennzeichnungen sind möglich:
1. Freigegeben ohne Altersbeschränkung.
2. Freigegeben ab 6 Jahren,
3. Freigegeben ab 12 Jahren,
4. Freigegeben ab 16 Jahren,
5. Nicht freigegeben unter 18 Jahren (keine Jugendfreigabe).

Die Anwesenheit bei öffentlichen Filmveranstaltungen ohne Begleitung eines Erziehungsberechtigten darf im Übrigen nur gestattet werden
1. Kindern unter 6 Jahren,
2. Kindern ab 6 Jahren, wenn die Vorführung nach 20 Uhr,
3. Jugendlichen unter 16 Jahren, wenn die Vorführung nach 22 Uhr,
4. Jugendlichen über 16 Jahren, wenn die Vorführung nach 24 Uhr
beendet ist.

Die Jugendleiter müssen sich auch hier immer bewusst sein, **an Stelle der Eltern** zu handeln. Besonders bei Freizeiten wird oftmals von Seiten der Jugendlichen der Wunsch geäußert, eine Kinoveranstaltung zu besuchen. Unabhängig davon, ob der Veranstalter die Vorschriften des JuSchG beachtet oder nicht, muss der Jugendleiter auf ihre Einhaltung achten.

Bildträger, die von der obersten Landesbehörde nicht oder mit „Keine Jugendfreigabe" gekennzeichnet worden sind, dürfen einem Kind oder Jugendlichen nicht angeboten, überlassen oder sonst zugänglich gemacht werden. Im Übrigen müssen die Filme für die jeweilige Altersstufe freigegeben worden sein.

In der Öffentlichkeit dürfen bespielte Bildträger (Videos) nicht in Automaten angeboten werden.

Die moderne Technik hat es mit sich gebracht, dass in Jugendräumen der Vereine heute oftmals Fernseh- und Videogeräte oder z. B. DVD-Player zu finden sind. Der verantwortliche Jugendleiter hat hier darauf zu achten, dass Jugendliche nur solche Filme ansehen, die auch für ihr Alter zugelassen sind. Er darf auch nicht zulassen, dass eine größere Anzahl von Jugendlichen Filme ansehen, die für ihr Alter zugelassen sind, aber auch einige jüngere Jugendliche an der Veranstaltung teilnehmen. Das gilt auch, wenn es um PCs geht und dort Filme heruntergeladen werden.

Werbefilme oder Werbeprogramme, die für Tabakwaren oder alkoholische Getränke werben, dürfen nur nach 18 Uhr vorgeführt werden (§ 11 Abs. 5 JuSchG).

Auch bespielte Videokassetten und Bildträger mit Spielen werden nach näherer Vorschrift des § 12 JuSchG mit Altersbegrenzungen versehen (§ 12 Abs. 1 JuSchG). Auf die Kennzeichnungen ist sowohl auf dem Bildträger als auch der Hülle mit einem deutlich sichtbaren Zeichen hinzuweisen. Eine altersmäßige Kennzeichnung ist auch für Bildschirmspielgeräte vorgesehen (§ 13 JuSchG).

Bildträger, die nicht oder mit „Keine Jugendfreigabe" vom Anbieter gekennzeichnet sind, dürfen
– einem Kind oder einer jugendlichen Person nicht angeboten, überlassen oder sonst zugänglich gemacht werden,

- nicht im Einzelhandel außerhalb von Geschäftsräumen, in Kiosken oder anderen Verkaufsstellen, die Kunden nicht zu betreten pflegen, oder im Versandhandel angeboten oder überlassen werden.

Die **Bundesprüfstelle für jugendgefährdende Medien** gibt immer wieder im Bundesanzeiger Bekanntmachungen über jugendgefährdende Trägermedien heraus. Sie enthalten zahlreiche Videofilme, Computerspiele, Tonträger und Bücher, die entweder in die Liste der jugendgefährdenden Medien aufgenommen oder gestrichen wurden.

h) Anwesenheit in Spielhallen und ähnlichen Räumen

Kindern und Jugendlichen darf die Anwesenheit in öffentlichen Spielhallen oder ähnlichen vorwiegend dem Spielbetrieb dienenden Räumen nicht gestattet werden (§ 6 JuSchG).

Die Teilnahme an Spielen mit Gewinnmöglichkeit in der Öffentlichkeit darf Kindern und Jugendlichen nur auf Volksfesten, Schützenfesten, Jahrmärkten, Spezialmärkten oder ähnlichen Veranstaltungen gestattet werden. Voraussetzung ist, dass der Gewinn in Waren von geringem Wert besteht.

Elektronische Bildschirm-Unterhaltungsspielgeräte ohne Gewinnmöglichkeit (z. B. sog. Killerautomaten) dürfen zur entgeltlichen Benutzung nur aufgestellt werden

1. auf Kindern und Jugendlichen zugänglichen öffentlichen Verkehrsflächen,
2. außerhalb von gewerblich oder in sonstiger Weise beruflich oder geschäftsmäßig genutzten Räumen oder
3. in deren unbeaufsichtigten Zugängen, Vorräumen oder Fluren,

wenn ihre Programme für Kinder ab 6 Jahren freigegeben und gekennzeichnet oder mit „Infoprogramm“ oder „Lehrprogramm“ gekennzeichnet sind.

Ohne Personensorgeberechtigten oder Erziehungsbeauftragten ist das Spielen an solchen Geräten, die zur entgeltlichen Benutzung öffentlich aufgestellt sind, Kindern und Jugendlichen verboten. Das gilt dann nicht, wenn die Programme für ihre Altersstufen freigegeben oder – wie oben aufgeführt – gekennzeichnet sind.

Ein Jugendleiter kommt seiner Aufsichtspflicht nur dann nach, wenn er verhindert, dass ihm anvertraute Jugendliche eine Spielhalle oder ähnliche Einrichtungen betreten. Denn die Versuchung für Jugendliche ist groß, z. B. während einer Freizeit eine in der Nähe des Zeltplatzes befindliche Spielhalle aufzusuchen.

i) Durchführung von Veranstaltungen

§ 7 JuSchG behandelt den Fall, dass von einer öffentlichen Veranstaltung oder einem Gewerbebetrieb eine Gefährdung für das körperliche, geistige oder seelische Wohl von Kindern oder Jugendlichen ausgeht. In einem solchen Falle kann das Jugendamt anordnen, dass der Veranstalter oder Gewerbetreibende Kindern und Jugendlichen die Anwesenheit nicht gestatten darf. Die Anordnung kann Altersbegrenzungen, Zeitbegrenzungen oder andere Auflagen enthalten, wenn dadurch die Gefährdung ausgeschlossen oder wesentlich gemindert wird.

Übersicht über die Bestimmungen des JuSchG

§	Regelungsbereiche	Kinder und Jugendliche unter 16 Jahren	Jugendliche ab 16 Jahren
4 Abs. 1 4 Abs. 2	Aufenthalt in Gaststätten	nur in Begleitung einer personensorgeberechtigten oder erziehungsbeauftragten Person gestattet	ohne Begleitung einer personensorgeberechtigten oder erziehungsbeauftragten Person bis 24 Uhr gestattet
		Ausnahmen: auf einer Reise zur Einnahme einer Mahlzeit oder eines Getränkes; Teilnahme an einer Veranstaltung eines anerk. Jugendhilfeträgers	
4 Abs. 3	Aufenthalt in Nachtbars oder Nachtclubs bzw. vergleichbaren Vergnügungsbetrieben	nicht gestattet	nicht gestattet
5 Abs. 1	Anwesenheit bei öffentlichen Tanzveranstaltungen	nur in Begleitung einer personensorgeberechtigten oder erziehungsbeauftragten Person gestattet; Ausnahme: siehe § 5 Abs. 3	ohne Begleitung einer personensorgeberechtigten oder erziehungsbeauftragten Person längstens bis 24 Uhr gestattet
5 Abs. 2	Anwesenheit bei Tanzveranstaltungen eines anerkannten Trägers der Jugendhilfe, zur Brauchtumspflege, zur künstlerischen Betätigung	ohne Begleitung einer personensorgeberechtigten oder erziehungsbeauftragten Person gestattet: Kindern bis 22 Uhr und Jugendlichen bis 24 Uhr	ohne Begleitung einer personensorgeberechtigten oder erziehungsbeauftragten Person längstens bis 24 Uhr gestattet
6 Abs. 1	Anwesenheit in öffentlichen Spielhallen u. a.	nicht gestattet	nicht gestattet
6 Abs. 2	Teilnahme an Spielen mit Gewinnmöglichkeit	nicht gestattet	nicht gestattet
		Ausnahme: auf Volksfesten etc., wenn der Gewinn in Waren von geringem Wert besteht	

§	Regelungsbereiche	Kinder und Jugendliche unter 16 Jahren	Jugendliche ab 16 Jahren
8	Aufenthalt an jugendgefährdenden Orten	nicht gestattet	nicht gestattet
9 Abs. 1	Abgabe und Verzehr von Branntwein, branntweinhaltigen Getränken und Lebensmitteln etc.	nicht gestattet	nicht gestattet
9 Abs. 1	Abgabe und Verzehr anderer alkoholischer Getränke (z. B. Bier, Wein)	nicht gestattet Ausnahme: Jugendliche von 14–16 Jahren in Begleitung eines Personensorgeberechtigten	gesetzlich nicht geregelt
9 Abs. 3	Angebot alkoholischer Getränke in Automaten (in der Öffentlichkeit)	Angebotsverbot; Ausnahme: siehe § 8 Abs. 3 Satz 2	
10	Abgabe von Tabakwaren und Rauchen in der Öffentlichkeit – § 10 Abs. 1 –	nicht gestattet	nicht gestattet

§	Regelungsbereiche	Kinder und Jugendliche			
11, 14	Anwesenheit bei öffentlichen Filmveranstaltungen Bei Filmen, die gekennzeichnet sind mit:	**unter 6 Jahren**	**ab 6 Jahren**	**ab 12 Jahren**	**ab 16 Jahren**
	Freigegeben ohne Altersbeschränkung	nur in Begleitung einer personensorgeberechtigten oder erziehungsbeauftragten Person gestattet	ohne Begleitung einer Personensorgeberechtigten oder erziehungsbeauftragten Person nur		
			gestattet bis 20 Uhr	gestattet bis 20 Uhr ab 14 Jahren gestattet bis 22 Uhr	gestattet bis 24 Uhr
	Freigegeben ab 6 Jahren	nicht gestattet	gestattet bis 20 Uhr	gestattet bis 20 Uhr ab 14 Jahren gestattet bis 22 Uhr	gestattet bis 24 Uhr

§	Regelungsbereich	Kinder und Jugendliche unter 16 Jahren		Jugendliche ab 16 Jahren	
	Freigegeben ab 12 Jahren	nicht gestattet (Ausnahme: Begleitung durch Personensorgeberechtigte oder erziehungsbeauftragte Person)	nicht gestattet	gestattet bis 20 Uhr ab 14 Jahren gestattet bis 22 Uhr	gestattet bis 24 Uhr
	Freigegeben ab 16 Jahren	nicht gestattet	nicht gestattet	nicht gestattet	gestattet bis 24 Uhr
	Keine Jugendfreigabe	nicht gestattet	nicht gestattet	nicht gestattet	nicht gestattet
12	Zugänglichmachung von bespielten Videokassetten, Bildplatten etc.; Bei Filmen, die gekennzeichnet sind mit:	**Kinder und Jugendliche**			
		unter 6 Jahren	**ab 6 Jahren**	**ab 12 Jahren**	**ab 16 Jahren**
	Freigegeben ohne Altersbeschränkung	gestattet	gestattet	gestattet	gestattet
	Freigegeben ab 6 Jahren	nicht gestattet	gestattet	gestattet	gestattet
	Freigegeben ab 12 Jahren	nicht gestattet	nicht gestattet	gestattet	gestattet
	Freigegeben ab 16 Jahren	nicht gestattet	nicht gestattet	nicht gestattet	gestattet
	Keine Jugendfreigabe	nicht gestattet	nicht gestattet	nicht gestattet	nicht gestattet
12 Abs. 4	Angebot bespielter Videokassetten in Automaten in der Öffentlichkeit	Angebotsverbot			

§	Regelungsbereiche	Kinder und Jugendliche unter 16 Jahren	Jugendliche ab 16 Jahren
12 Abs. 4	Aufstellung von Unterhaltungsspielgeräten, die nicht für Kinder und Jugendliche zugelassen sind – Altersgrenzen –	Aufstellungsverbot	Aufstellungsverbot
13 Abs. 1	Spielen an elektronischen Bildschirmunterhaltungsspielgeräten ohne Gewinnmöglichkeit zur entgeltlichen Benutzung in der Öffentlichkeit	nur in Begleitung einer Personensorgeberechtigten oder erziehungsbeauftragten Person gestattet (Ausnahme: Programme sind für die Altersgruppe freigegeben bzw. es handelt sich um „Infoprogramme" bzw. „Lehrprogramme")	
13 Abs. 2	Aufstellung elektronischer Bildschirmunterhaltungsspielgeräte ohne Gewinnmöglichkeit zur entgeltlichen Benutzung auf Kindern und Jugendlichen zugänglichen öffentlichen Plätzen etc.	Aufstellungsverbot (Ausnahmen: Programme sind für Kinder ab 6 Jahren freigegeben oder es handelt sich z. B. um „Lehrprogramme")	

2. Jugendmedienschutz (Staatsvertrag der Bundesländer)

Der Jugendmedienschutz-Staatsvertrag der Länder (JMStV) datiert vom 10.–27.9.2002 und ist mehrfach geändert worden. Zweck des Staatsvertrages ist nach seinem § 1 der einheitliche Schutz der Kinder und Jugendlichen vor Angeboten in elektronischen Informations- und Kommunikationsmedien, die deren Entwicklung oder Erziehung beeinträchtigen oder gefährden. Dazu gehört auch der Schutz vor solchen Angeboten in elektronischen Informations- und Kommunikationsmedien, die die Menschenwürde oder sonstige durch das Strafgesetzbuch geschützte Rechtsgüter verletzen.

Der Staatsvertrag gilt für elektronische Informations- und Kommunikationsmedien (Rundfunk- und Telemedien) – § 2 JMStV –.

§ 3 JMStV enthält Begriffsbestimmungen. Dabei entsprechen die Begriffe „Kind" und „Jugendlicher" denen im JuSchG (vgl. auf Seite 90).

§ 4 JMStV beschäftigt sich mit unzulässigen Angeboten. Da geht es zum einen um Propagandamittel, deren Inhalt gegen die freiheitliche demokratische Grundordnung oder den Gedanken der Völkerverständigung gerichtet ist. Zum anderen sind Angebote unzulässig, die zum Hass gegen Teile der Bevölkerung oder gegen eine nationale, rassische, religiöse oder durch ihr Volkstum bestimmte Gruppe aufstacheln bzw. zu Gewalt- oder Willkürmaßnahmen gegen sie auffordern. Das Gleiche gilt, wenn die Menschenwürde anderer dadurch angegriffen wird, dass Teile der Bevölkerung oder eine vorbezeichnete Gruppe beschimpft, böswillig verächtlich gemacht oder verleumdet werden.

Unzulässig sind auch Angebote, die grausame oder sonst unmenschliche Gewalttätigkeiten gegen Menschen in einer Art schildern, die eine Verherrlichung oder Verharmlosung solcher Gewalttätigkeiten ausdrückt oder die das Grausame oder Unmenschliche des Vorgangs in einer die Menschenwürde verletzenden Weise darstellt. Das gilt auch bei virtuellen Darstellungen.

Von § 4 JMStV werden auch Angebote erfasst, die den Krieg verherrlichen oder gegen die Menschenwürde verstoßen, insbesondere durch die Darstellung von Menschen, die sterben oder schweren köperlichen oder seelischen Leiden ausgesetzt sind oder waren. Auch pornografische Angebote sind unzulässig.

Sofern Anbieter Angebote, die geeignet sind, die Entwicklung von Kindern oder Jugendlichen zu einer eigenverantwortlichen und gemeinschaftsfähigen Persönlichkeit zu beeinträchtigen, verbreiten oder zugänglich machen, haben sie dafür zu sorgen, dass Kinder oder Jugendliche der betroffenen Altersstufen sie üblicherweise nicht wahrnehmen.

Der Anbieter kann seiner angesprochenen Pflicht dadurch entsprechen, dass er

- durch technische oder sonstige Mittel die Wahrnehmung des Angebots durch Kinder oder Jugendliche der betroffenen Altersstufe unmöglich macht oder wesentlich erschwert oder
- die Zeit, in der die Angebote verbreitet oder zugänglich gemacht werden, so wählt, dass Kinder oder Jugendliche der betroffenen Altersstufe üblicherweise die Angebote nicht wahrnehmen (§ 5 JMStV).

Mit dem Jugendschutz in der Werbung und im Teleshopping beschäftigt sich § 6 JMStV. So ist Werbung für indizierte Angebote nur unter den Bedingungen zulässig, die auch für die Verbreitung des Angebots selbst gelten.

Werbung darf Kinder und Jugendliche weder körperlich noch seelisch beeinträchtigen. Sie darf beispielsweise nicht direkte Aufrufe zum Kaufen oder Mieten von Waren oder Dienstleistungen an Minderjährige enthalten, die deren Unerfahrenheit und Leichtgläubigkeit ausnutzen.

Werbung für alkoholische Getränke darf sich weder an Kinder oder Jugendliche richten noch durch die Art der Darstellung Kinder und Jugendliche besonders ansprechen oder diese beim Alkoholgenuss darstellen.

Vorstehende Grundsätze gelten für Teleshopping und Sponsoring entsprechend. Teleshopping darf darüber hinaus Kinder oder Jugendliche nicht dazu anhalten, Kauf- oder Miet- bzw. Pachtverträge für Waren oder Dienstleistungen zu schließen.

Nach § 19 JMStV können Einrichtungen freiwilliger Selbstkontrolle für Rundfunk und Telemedien gebildet werden.

3. Wichtige Altersgrenzen

Für Jugendliche gelten zahlreiche Altersgrenzen. In den bisherigen Abschnitten dieser Broschüre sind sehr viele dieser Altersgrenzen bereits behandelt worden. Nachfolgend sollen die wesentlichen Grenzen nochmals zusammenfassend in einer Tabelle dargestellt werden. Dabei werden auch Altersgrenzen aufgeführt, die bisher nicht angesprochen wurden. Hierauf wird nach der Tabelle soweit erforderlich noch kurz eingegangen.

Lebensalter		**Tatbestand**
Geburt	=	Rechtsfähigkeit Parteifähigkeit im Sinne des Zivilprozessrechts
vor 6	=	bestimmte Filme sind ohne Altersgrenze freigegeben
ab 6	=	bestimmte Filme sind ab 6 Jahren freigegeben Beginn der Schulpflicht
ab 7	=	Beschränkte Geschäftsfähigkeit, beschränkte Schuldfähigkeit (zusammen: beschränkte Handlungsfähigkeit)
ab 10	=	Beschränkte Schuldfähigkeit bei Verkehrsunfällen, Recht auf Anhörung bei Religionswechsel
ab 12	=	Altersgrenze für bestimmte Filme Beschränkte Religionsmündigkeit
vor 14	=	Kind im Sinne des JuSchG
ab 14	=	Bedingte Strafmündigkeit Religionsmündigkeit

Lebensalter	Tatbestand
ab 15	= Handlungsfähigkeit im Sinne des Sozialrechts (z. B. kann die zuständige gesetzliche Krankenkasse gewählt werden)
ab 16	= Ehemündigkeit der Frau Testierfähigkeit Fähigkeit, einen Eid abzulegen Wählbar zum Jugendvertreter in einem Betrieb Kinobesuch „Freigegeben ab 16 Jahren" Besuch von Gaststätten und Tanzveranstaltungen ohne Personensorgeberechtigten bzw. Erziehungsbeauftragten Personalausweis kann beantragt und ausgestellt werden Aktives Wahlrecht zu den Selbstverwaltungsorganen der Sozialversicherungsträger
ab 17	= Beendigung der Möglichkeit zur Gewährung Freiwilliger Erziehungshilfe Beendigung der Einweisungsmöglichkeit in Fürsorgeerziehung
ab 18	= Volljährigkeit Keine Beschränkungen im Rahmen des JuSchG mehr Handlungsfähigkeit (Geschäfts- und Deliktsfähigkeit) Prozessfähigkeit Aktives und passives Wahlrecht zum Bundestag Passives Wahlrecht zu den Selbstverwaltungsorganen der Sozialversicherungsträger Aktives und passives Wahlrecht bei Betriebs- bzw. Personalratswahlen Führerschein kann erteilt werden Ehemündigkeit des Mannes Möglichkeit, einen Waffenschein zu erlangen
vor 21	= Jugendstrafrecht (Heranwachsender im Sinne des JGG) kann angewandt werden
ab 25	= Berufung als ehrenamtlicher Richter (Schöffe)
ab 27	= Anstellung als Beamter auf Lebenszeit

Das Lebensalter ist am Tag vor dem jeweiligen Geburtstag vollendet (§ 187 Abs. 2 BGB).

Ein Personensorgeberechtigter hat nach § 27 des Sozialgesetzbuches Achtes Buch (SGB VIII; Kinder- und Jugendhilfe) bei der Erziehung eines Kindes oder eines Jugendlichen Anspruch auf Hilfe zur Erziehung. Voraussetzung ist, dass eine dem Wohl des Kindes oder des Jugendlichen entsprechende Erziehung nicht gewährleistet ist und die Hilfe für seine Entwicklung geeignet und notwendig ist. Die Hilfe zur Erziehung umfasst insbesondere die Gewährung pädagogischer und damit verbundener therapeutischer Leistungen.

Das Jugendamt kann nach näherer Vorschrift des § 42 SGB VIII die Inobhutnahme eines Kindes anordnen. Dies hat zu geschehen, wenn eine dringende Gefahr für das Wohl des Kindes oder des Jugendlichen sie erfordert (weil z. B. eine Verwahrlosung droht).

Mit der Geschäftsfähigkeit eines ihm anvertrauten Jugendlichen kann ein Jugendleiter immer wieder in Berührung kommen (insbesondere bei Freizeiten). Es ist deshalb wichtig, dass er die Rechtsverhältnisse kennt.

Geschäftsfähigkeit und Schuldfähigkeit zusammen werden als **Handlungsfähigkeit** bezeichnet.

Geschäftsfähigkeit ist die Fähigkeit, Geschäfte rechtswirksam abzuschließen und entsprechende Willenserklärungen abzugeben. Geschäftsunfähig ist,

a) wer nicht das siebente Lebensjahr vollendet hat,
b) wer sich in einem die freie Willensbestimmung ausschließenden Zustande krankhafter Störung der Geistestätigkeit befindet, sofern nicht der Zustand seiner Natur nach ein vorübergehender ist (§ 104 BGB).

Die Willenserklärung eines Geschäftsunfähigen ist **nichtig** (§ 105 BGB).

Ein Minderjähriger, der das siebente Lebensjahr vollendet hat, ist gem. § 106 BGB in der Geschäftsfähigkeit beschränkt.

Zu Willenserklärungen, durch die er nicht lediglich einen rechtlichen Vorteil erlangt, bedarf der Minderjährige der **Einwilligung seines gesetzlichen Vertreters**, also der Eltern oder eines Vormundes (§ 107 BGB).

Schließt ein Minderjähriger einen Vertrag oder eine solche Einwilligung, ist der Vertrag – rechtlich gesehen – schwebend unwirksam. Wirksam wird er erst, wenn der gesetzliche Vertreter ihn **genehmigt** (§ 108 BGB).

Fordert der „Vertragspartner“ des Jugendlichen beispielsweise die Eltern zur Erklärung darüber auf, ob sie den Vertrag genehmigen, so kann eine entsprechende Mitteilung nur ihm gegenüber erfolgen. Wurde vorher vom Erziehungsberechtigten dem Jugendlichen gegenüber die Genehmigung erteilt oder verweigert, so hat dies keine Wirkung mehr. Es kommt allein auf die Erklärung gegenüber dem „Vertragspartner“ an. Die Genehmigung kann nur innerhalb von zwei Wochen nach dem Empfang der Aufforderung erfolgen. Geschieht dies nicht, gilt die Erklärung als **verweigert**.

Bis zur Genehmigung des Vertrags ist der andere Teil zum Widerruf berechtigt. Der Widerruf kann auch dem Minderjährigen gegenüber erklärt werden. Hat der Vertragspartner die Minderjährigkeit gekannt, so kann er nur widerrufen, wenn der Minderjährige der Wahrheit zuwider die Einwilligung des Vertreters behauptet hat. Er kann auch in diesem Falle nicht widerrufen, wenn ihm das Fehlen der Einwilligung bei dem Abschluss des Vertrages bekannt war (§ 109 BGB).

Zu beachten ist § 110 BGB, der allgemein als der **Taschengeldparagraph** bekannt ist. Danach gilt ein von dem Minderjährigen ohne Zustimmung des gesetzlichen Vertreters geschlossener Vertrag als von Anfang an wirksam, wenn der Minderjährige die vertragsmäßige Leistung mit Mitteln bewirkt hat, die ihm entweder zu diesem Zweck oder zur freien Verfügung (Taschengeld) vom gesetzlichen Vertreter oder mit dessen Zustimmung von einem Dritten überlassen worden sind.

Sachregister